JN118976

1. 大切な思い出として残せるよう、メモリアル・ノートをつくろう。

このワークブックは、修学旅行の班別自主研修や校外学習などの準備段階から事後の発表まで、そのつどワークシートに書き込みができるようになっている。いろいろな思いや体験を記録しながら、自分のオリジナルなメモリアル・ノートをつくろう。

2. 修学旅行・校外学習をもっと楽しもう。

修学旅行や校外学習の大きな楽しみは、日常生活にないわくわくする楽しい出会い、びっくりすること、感動すること、友情を深めること、食事やおみやげの買い物など、いろいろあるだろうね。そうした楽しさが得られるよう、このワークブックを利用して好奇心や探究心をもって見学しよう。

3. 修学旅行の班別自主研修にとりくもう。

修学旅行で班別自主研修をするときには、班のメンバーとテーマを共有しながら、好奇心や探究心をもって京都の歴史や文化を学ぶ研修をすることが大切。旅行の前に準備することがいろいろあるよ。ワークブックを参考にしながら、ステップをふんでとりくんでみよう。

4. 役に立ちそうなステップだけ利用してもOK。

全体のステップは7つに分けてある。順番に全部しなくてもかまわない。たとえば、「事前学習をしよう」、「コースづくりと行程計画」、「感想ノート」のステップだけを利用するということでもOK。先生の指示に従って利用しよう。

〈注意〉最新のたしかな情報の確認を心がけよう。

このワークブックの情報は発行した時点のものなので、最新の情報とは違いが生じているかもしれない。そこで、下調べや行程計画のときに、必要に応じて最新のものを確認しよう。インターネットで調べたり、電話で直接問い合わせたりしてたしかめよう。

班別自主研修プランづくりの進め方

班のオリジナルなテーマを追求し、

みんなで協力して、

楽しく充実した

自主研修プランを作ろう。

STEP 1
事前学習をしよう
【4-31頁】

STEP 2
テーマの決定
【32-35頁】

STEP 3
下調べをしよう
【36-49頁】

事前に京都のことを学習しよう。

知りたいこと、疑問に思うこと、体験したいことなどをさがそう。

事前学習によって、
(1) 関心をもったことを書き記そう。
(2) みんなで班のテーマを決めよう。
(3) 班のメンバーを確定しよう。

(1) テーマにかかわることについて、下調べをしよう。
(2) 来訪・見学する候補地のリストを作り、位置や見どころを整理しよう。
(3) 来訪・見学候補地を地図に記入しよう。

STEP 4
コースづくりと行程計画
【50-55頁】

STEP 5
修学旅行のしおり
【56-59頁】

STEP 6
感想ノート
【60-61頁】

STEP 7
発表の準備
【62-63頁】

(1) 自主研修の時間内に回れるよう交通機関を選択し、STEP3の地図でコースづくりをしよう。
(2) 行程計画を作ろう。

旅行の約1週間前までに日程表、宿泊先、携行品リスト、服装、注意事項など旅のしおりをつくり、準備しよう。

班別自主研修で見学したこと、体験したこと、面白かったこと、おどろいたこと、感動したことなどをふりかえり、記録しよう。

事前学習から修学旅行後までのことを整理し、成果をまとめよう。自分の評価や班のメンバーの評価を話し合い、発表に向けて準備しよう。

京都のこと、どのくらい知ってる？

事前学習を
しよう

自然・風土

京都は三方を山に囲まれた盆地で、大小いくつもの川が流れ、いたるところに森や池がある。

大昔は水の底だったので地下水にも恵まれ、蒸し暑い夏と底冷えする寒い冬が、はっきりした四季の変化をつくるため、「山紫水明の都・京都」の美しい風景を生み出している。

歴 史

京都は古来より渡来系や土着の豪族が活躍した。平安京に都が移されてからは、明治維新で東京に首都が移るまでの約一千年間、日本の政治や文化の中心だった。あらわれては消える権力者たちと、次々に生まれる新しい文化や宗教。さまざまな歴史的大事件の舞台となった京都には、今もその名残りが街のあちこちに残っている。

伝統文化

京都では都として栄えた長い歴史と風土のなかで、西陣織・清水焼・京友禅などを代表とするすぐれた伝統工芸や、能・歌舞伎などの伝統芸能が誕生した。

また、京料理・茶の湯なども京都で生まれ、脈々と受け継がれて、今日では日本の文化そのものといえるまでに発展し、奥深い和の心を伝えている。

4

生活文化

京都では、ことばや生活習慣（せいかつしゅうかん）のなかにも、昔から受け継がれた美意識（びいしき）や知恵が生きている。「京都の歴史を伝えよう」と、町家（まちや）も一般に開放（かいほう）したり、住宅や店舗として再利用（さいりよう）するものが増えてきた。古い町並みや町家の空間（くうかん）で、日本の都としての長い歴史のなかで培（つちか）われたセンスや遊び心に触れることができる。

産業

京都には歴史と気候（きこう）・風土（ふうど）にはぐくまれた、多くの伝統産業があり、その高い芸術（げいじゅつ）性と高度な技術を継承（けいしょう）しながら、さまざまな「京都ブランド」が生まれている。

また、伝統産業と最新（さいしん）のテクノロジーとの融合（ゆうごう）をはかる技術革新（ぎじゅつかくしん）も行われ、島津製作所（しまづせいさくしょ）、京セラ、任天堂（にんてんどう）などのハイテク企業（きぎょう）もたくさん生まれ、新たな産業都市として発展（はってん）している。

新しい文化

京都は大学のまち・学問のまちとしても世界的に有名。日本のノーベル賞受賞者には、京都にゆかりのある人が多い。産・官・学の提携による「関西学術研究都市」ができ、京都は国際交流の象徴（しょうちょう）的な都市ともなっている。そこで、伝統文化を守り育てて来た歴史と知恵を活かした地方創生に向けて、文化庁の京都移転（いてん）となり、豊かな文化による日本の活性化が期待されている。

平安時代 [その1]

平安京は、桓武天皇が長岡京につづいて遷都した千年の都。その整備は嵯峨天皇の時代に完成した。最澄や空海が唐の文化を学んで帰国し、弘仁、貞観文化として花開いた。

その後、藤原氏が政治の実権をにぎって摂関政治を行い、白河上皇からは院政がつづいた。けれども実際に実権があった期間は短く、寺院と僧侶が大きな勢力を持ち、この時代の終わり頃には武士団の源氏と平家が台頭し、武家政権が始まることになった。

この時代からのこと伝えてくれる

西暦	内容
	5世紀前半、秦氏が深草と嵯峨野に進出。
677	天武期、上賀茂神社造営。
678	下鴨神社の社殿造営。
710	平城京遷都。
711	秦伊呂具、伏見稲荷大社創建。
784	長岡京に遷都。
785	最澄が比叡山に延暦寺を創建。
794	平安京に遷都。東寺・西寺創建。
794	平野神社創建。
796	鞍馬寺創建。
798	坂上田村麻呂、清水寺を創建。
800	桓武天皇、神泉苑へ行幸。
804	最澄・空海、遣唐使とともに入唐。
823	東寺を空海に勅賜、教王護国寺とする。
858	藤原良房、摂政となる。
869	神泉苑に祇園社の神輿を出し疫病退散祈願。（祇園祭の始まり）
876	嵯峨院を寺に改め、大覚寺とした。
888	摂関政治始まる。宇多天皇、仁和寺完成。
894	遣唐使廃止。
901	菅原道真、九州の大宰府に左遷。
905	最初の勅撰和歌集『古今和歌集』完成。
935	承平・天慶（平将門・藤原純友）の乱
935	このころ、紀貫之『土佐日記』を著す。
938	空也（醍醐天皇の第二皇子）、庶民に布教。

比叡山延暦寺

仏教を学んで唐から帰国した最澄は、一部の貴族や僧のための仏教に疑問をもち、民衆を救うための新しい仏教を求め、人里離れた比叡山できびしい修行を重んじた。

東寺

東寺には高さ57mの日本最高の五重塔がある。桓武天皇が平安京をつくったときに建てた塔で、嵯峨天皇はこの寺を教王護国寺とし、空海に勅賜した。空海は唐にわたり仏教を学んで帰国、高野山に金剛峯寺を建てて真言宗を広め、詩文や書道にもすぐれ、弘法大師と呼ばれて親しまれた。現在の塔は徳川家光が再建。

清水寺

『源氏物語』や『枕草子』にも登場する清水寺。「清水の舞台」と呼ばれる本堂からの眺めはすばらしい。798年に坂上田村麻呂が建立したと伝えられるが、何度も焼失し、現在の建物は徳川家光が再建。

神泉苑

平安京ができたときに大内裏の南東につくられた広大な池と庭の宮廷庭園。桓武天皇をはじめとする歴代天皇や貴族が詩歌、管弦、舟遊びなどの宴を行う場だった。

大覚寺／嵯峨御所

嵯峨天皇の離宮が真言宗の寺になった。南北朝時代には、亀山法皇、後宇多法皇がここで院政を行ったので「嵯峨御所」とよばれた。大沢池は、平安時代には天皇や貴族の舟遊びの名所だった。現在は時代劇のロケ地として有名。

仁和寺

仁和寺は、宇多天皇が出家してこの寺の住職となってから、皇室や貴族と深い関係がある寺となった。多くの国宝や重要文化財を所有し、1994年に世界文化遺産に登録された。華道の御室流の家元としても有名。

平安京の都づくり

？ を調べてみると……

? なぜ平安京遷都を決めたのだろう？ 財源はどうしたのだろう？

　長岡京の都づくりの責任者、藤原種継が暗殺され、桓武天皇は異母弟の早良親王を首謀者とした。早良親王は無実を訴えながら亡くなった。

　その後、桓武天皇の母親や妻たちが相次いで亡くなり、都に洪水、飢饉、疫病などが重なった。天皇はこれを早良親王のたたりと怖れ、秦氏の協力を得て新しい都をつくることにした。そこで、国が安らかになるようにとの祈りをこめて「平安京」と名づけたそうだよ。

? 都づくりに貢献した秦氏とは？

　秦氏は、5世紀以降に渡来した新羅系の豪族。桂川流域を開墾して水田農業を行い、養蚕技術で豊かな産業を発展させた。莫大な資金と高度な土木技術で平安京造営にも大きく貢献した。秦氏は松尾大社に氏神を祀り、氏寺として広隆寺を建立した。太秦や蚕の社などの地名にも当時の秦氏の繁栄をみることができるね。

※四神相応の場所とは、東西南北の守護神に守られている地形の土地のこと。
玄武：船岡山、青龍：鴨川、白虎：山陰道、朱雀：巨椋池あたりとされる。

玄武：北の守護神。龍脈の気の流れの発生地。

鞍馬寺
上賀茂神社
延暦寺
船岡山▲
下鴨神社
現在の京都御所
広隆寺
鴨川
右京　左京
羅城門
西寺
東寺
巨椋池

白虎：西の守護神。都にこもった邪気を放出する。

青龍：東の守護神。清流を象徴する。

朱雀：南の守護神。川が注ぎ込む池がある。

> 784年に長岡京へ遷都して、たった10年で平安京に移ったのはなぜだろうね？

> 早良親王のたたりだという陰陽師の占いを信じたらしいよ

784
794

> どうして信じたのかな？

> 陰陽師って安倍晴明もそうだよね

> それじゃマジックショーだね

> 式神を使って草の葉でカエルをつぶしたり、死人を生き返らせたりできたそうだよ

? 怨霊のたたりをどうやって鎮めようとしたか？

　昔は人智を超えたものの働きを畏怖したので、政治が占いや宗教と結びついていたんだ。平安京は中国の風水思想をとり入れ、四神相応の守護神に守られた場所を選び、鬼門の守護のため比叡山に延暦寺をつくり、都を守るたくさんの寺社をつくった。朝廷に仕えた陰陽師・安倍晴明の屋敷も内裏の北東（鬼門）にあり、陰陽道で吉凶を占い、人々が恐れる怨霊を鎮める役割を担っていたそうだよ。

? 見どころ

・京都タワーの展望台（平安京の姿や、四神相応といわれる地形をイメージしてみよう）
・延暦寺（京都最大の鬼門を守る寺）
・鞍馬寺（北の守護。毘沙門天を祀る）
・赤山禅院（鬼門封じの寺）
・岡崎神社（東の守護。「東天王」）
・東寺（都城の最南端を守護する寺）
・上御霊神社（早良親王ほか、権力闘争で非業の死をとげた人たちの霊を祀る）
・平安神宮（平安京の大内裏を模して造られている）

神社やお寺の由来を調べて、平安京の都づくりとの関係を、たしかめてみよう。

平安時代 [その2]

西暦	内 容
947	北野天満宮創建。
951	京都市内現存最古の木造建築物、醍醐寺の五重塔（国宝）完成。
963	空也、六波羅蜜寺創建。
987	愛宕山に清涼寺建立が計画される。
990	西寺焼失。
1001	このころ清少納言が『枕草子』を著した。
1007	一条天皇、安倍晴明を称え晴明神社を創建。
1008	紫式部日記に『源氏物語』評判と記した。
1016	藤原道長、摂政となる。
1052	藤原頼通が宇治に平等院を創建。
1081	法勝寺に高さ81mの八角九重塔を建立。
1086	白河上皇院政。
1096	祇園御霊会で田楽大流行。庶民も貴族も2ヶ月余り踊り狂った。
1154	紫野今宮社で疫病除けの舞踊が行われた。（やすらい祭の創始）
1156	保元の乱。
1159	平治の乱。
1161	後白河法皇が法住寺殿を作り御所とした。
1164	法住寺殿に蓮華王院（三十三間堂）建立。
1165	牛若、鞍馬寺に入れられる。
1167	平清盛太政大臣となる。
1175	法然が初めて専修念仏（浄土宗）を唱えた。
1179	後白河法皇が『梁塵秘抄』を編んだ。
1181	平清盛病死。
1183	木曽義仲入京。平家の西国落ち。
1184	一ノ谷の合戦。
1185	屋島の合戦、壇ノ浦の合戦、平家滅亡。
1185	清盛の娘・建礼門院徳子、尼僧となって大原寂光院へ。

北野天満宮

菅原道真は平安時代の学者。遣唐使の廃止を進言して右大臣になるが、藤原氏によって九州の大宰府に追いやられる。死後、京では天災がつづき、これを菅原道真のたたりだとして、その霊をなぐさめるために祀ったのが北野天満宮。1587年には豊臣秀吉によって黄金の茶室が設けられ「北野大茶湯」が盛大に行われた。学問・受験の神様として合格祈願にたくさんの人が訪れる。

安倍晴明と晴明神社

安倍晴明は、平安中期に天皇に仕えた陰陽師。大陸から伝わった陰陽道をきわめ、天文学や暦にくわしく、天変地異を予知したり、不思議な能力を持つ式神を自在にあやつったといわれる。晴明の話は伝説として語りつがれ、文学や芸能作品に登場する。

晴明神社は、安倍晴明の偉業をしのぶために、一条天皇が晴明の屋敷跡に創建した神社。応仁の乱以降、社域は狭くなった。最近の陰陽師ブームで全国から多くの人々が訪れる。

藤原道長

藤原氏と平等院

大化改新で功績のあった藤原鎌足を祖先とする藤原氏は、有力氏族を排除して勢力をのばした。藤原道長は娘を天皇の妃にして親戚関係を結び、摂政となって摂関政治を行った。藤原文化として知られる貴族の生活は、『源氏物語』『枕草子』『栄華物語』など多くの絵巻物からも知ることができる。

「釈迦入滅後二千年たつと、仏の法力が及ばず世界が破滅する」と説く末法思想が広がり、阿弥陀如来に救いを求める藤原頼通は、父・道長の別荘があった宇治に平等院を建立した。平等院は寝殿造で、鳳凰堂は極楽浄土をあらわしているという。

蓮華王院／三十三間堂

後白河法皇は、平清盛の力を借りて東山七条に御所をつくり、蓮華王院を建てた。約120mの日本一長いお堂をもち、正面の柱の間の数が33あるので、三十三間堂ともよばれる。1001体の千手観音が並ぶ姿は壮観。貴族の熱心な観音信仰がしのばれる。

寂光院

寂光院は、天台宗の尼寺。聖徳太子が父の用明天皇を弔うために建立。建礼門院徳子は、壇ノ浦で亡くなった安徳天皇と平家一門の冥福を祈るために、出家してこの寺に入った。

鎌倉時代

京都は、平安時代、約400年にわたり日本の中心だったが、遠く離れた鎌倉（神奈川県）に武家政権が生まれた。このため、政治都市としての役割を失い、経済都市としての性格を強くした。承久の乱の後、鎌倉幕府は京都に六波羅探題を設置して、公家勢力の監視を行った。

1333年、足利尊氏が六波羅探題を滅ぼし、鎌倉幕府を滅亡させる。この後、後醍醐天皇による建武の新政が行われた。

西暦	内容
1192	源頼朝、征夷大将軍となる。
1202	栄西が建仁寺創建。
1205	藤原定家らが新古今和歌集を編纂。
1206	明恵、度賀尾寺を再興し高山寺とした。
1212	鴨長明が『方丈記』を完成。
1221	承久の乱。六波羅探題置かれる。
1232	御成敗式目制定。
1234	知恩院大谷寺創建。
1255	東福寺創建。
1272	親鸞の娘覚信尼、本願寺の始まりとなる仏閣を建立。
1274	文永の役(蒙古襲来)。
1274	一遍入京。人々に念仏を勧めた。（時宗の始まり）
1281	弘安の役(蒙古再襲来)。
1291	亀山法皇、南禅寺創建。
1315	大徳寺創建。
1321	後醍醐天皇の親政。院政を廃止。
1330	吉田兼好が『徒然草』を完成。
1331	元弘の変。後醍醐天皇は隠岐に配流。光厳天皇が即位。
1331	足利尊氏が六波羅探題を攻略。
1333	新田義貞、鎌倉を攻め鎌倉幕府滅亡。

建仁寺

中国に2度留学して臨済宗を学んだ栄西が、帰国後、将軍源頼家の庇護を受けて建立した京都で最初の禅寺。京都五山の一つ。栄西はお茶の種を中国から持ち帰り、日本にはじめて喫茶の習慣を伝え、建仁寺は「お茶のお寺」としても有名。

六波羅探題跡の石碑と六波羅蜜寺（空也創建）

六波羅と六波羅探題跡

鎌倉幕府は京都の朝廷や公家を監視するため、平家の屋敷跡に六波羅探題を設置した。ここでは尾張以西の諸国の裁判・軍事・政治を担い、代々北条氏一族がこれに任じた。現在は、京都市立洛東中学校の校門付近にその跡地の石碑があるのみ。

知恩院

法然上人が建てた草庵に、弟子の源智上人が寺院を開いた。浄土宗の総本山。江戸時代に徳川家の菩提寺になり、御影堂や日本一大きい三門などが再建された。約70トンの釣鐘などでも知られる。

南禅寺の三門

南禅寺

亀山上皇が自分の離宮に大明国師を招いて禅宗の寺とした。歴代の住職は、夢窓疎石など文化史上で重要な役割をはたした。安土桃山時代のことだが、歌舞伎で石川五右衛門が「絶景かな絶景かな」と見得をきる話は、この寺の三門が舞台。

大徳寺

宗峰妙超が建てた小さな庵がはじまりの禅宗の寺。後に花園法皇が妙超と師弟関係をむすび、後醍醐天皇の篤い信仰のもと、京都五山の最上位にもなった。

一休宗純は大徳寺の住職で、おもしろい逸話がたくさん残っている。また、千利休が山門の上に自分の像を置いたために豊臣秀吉に切腹を命じられたことでも有名。

室町時代

西暦	内　容
1333	建武の新政。
1334	世相を風刺する二条河原の落書。
1336	足利尊氏は光明天皇をたて、後醍醐天皇は吉野に南朝を開く。
1337	花園法皇、妙心寺を創建。
1338	足利尊氏、征夷大将軍となる。
1339	足利尊氏、後醍醐天皇の冥福を祈るため、天龍寺を創建。
1375	このころ、観阿弥・世阿弥父子が足利義満の後援を受ける。
1378	足利義満が室町殿(花の御所)を造営。
1385	足利義満が相国寺を創建した。
1392	南北朝統一。このときの内裏が現在の京都御所に発展。
1397	足利義満が鹿苑寺(金閣寺)を建立。
1404	勘合貿易(日明貿易)始まる。
1450	細川勝元が徳大寺の別荘を譲り受け、龍安寺建立。
1456	茶道の先駆者、村田珠光が一休宗純を師とする。
1467	応仁・文明の乱、京都焦土となる。以後戦国時代。
1478	蓮如が山科本願寺を創建。
1482	足利義政が東山に慈照寺(銀閣寺)を建立。
1500	応仁の乱で三十余年とだえていた御霊会が復興。

鎌倉幕府を倒した足利尊氏は、後醍醐天皇と対立して朝廷軍を破って京都をおさえた。1336年に尊氏が北朝をたてると、後醍醐天皇は奈良の吉野に朝廷を移した。1338年に足利尊氏は京都に室町幕府を開き、以後、約60年にわたって南北朝時代として内乱がつづいた。室町時代になると再び京都は政治都市として復活する。商工業も発展し、町衆と呼ばれる有力市民による自治の伝統が生まれた。室町幕府3代将軍足利義満になってようやく南北朝が統一され、金閣寺に代表される華やかな北山文化が花開いた。

8代将軍足利義政は銀閣寺に代表される東山文化を生んだが、政治は混迷を深めた。戦国時代のきっかけとなった応仁の乱で、京都は北側の市街の大半が焼失。その後もたびたび戦乱にまきこまれた。

天龍寺

足利尊氏が、敵対した後醍醐天皇と南北朝の戦いの犠牲者のために建立した禅宗の寺。足利尊氏は寺をつくる財源を得るために、天龍寺船を使って元との貿易を再開させた。

相国寺

足利義満が後小松天皇の命をうけて創建した禅宗の寺。京都五山のひとつ。応仁の乱や相次ぐ火災で、ほとんどの建物を焼失したが、豊臣秀吉、徳川家康、朝廷などによる援助で、そのつど復興された。境内にある承天閣美術館には、相国寺の山外塔頭である金閣寺や銀閣寺の国宝や重要文化財も収蔵されている。

龍安寺

「龍安寺の石庭」で知られる龍安寺は、細川勝元が1450年に創建した禅寺。応仁の乱で龍安寺は焼失。このときの東軍の総帥・勝元の子の細川政元らによって1488年に再興され、その後、豊臣秀吉と江戸幕府が保護した。

応仁の乱と西陣

西陣のまちなみ

将軍家の後継者問題に端を発した争いが、有力守護大名の天下を二分する大乱となった。以後11年間に及んだ戦いは地方にも飛び火し、長期の戦争へと発展。京都では約3万戸が消失荒廃。幕府の権威はなくなった。荘園制度は崩壊し、戦国大名の領国制が発展した。

西軍の陣地は平安時代に織部司が置かれたところで、織工たちは応仁の乱の戦火を逃れるために、京都を離れた。戦乱が終り、再び京都に戻って織物業を再開した場所が西軍の陣地跡だったため、その織物が「西陣織」と呼ばれるようになった。

金閣寺と銀閣寺

？ を調べてみると……

？ 銀閣寺にはなぜ銀箔が貼ってないのだろう？

最近の文化庁の調査で、創建時から銀箔は貼られていなかったことが分かった。「足利義政は応仁の乱で経済的にいきづまり、銀箔が貼れなくなった」とか、「白川砂を盛りあげた銀砂灘が月光を反射して銀色に輝くから銀閣と呼ばれた」などの説がある。でも、「銀閣」は江戸時代につけられた名前らしい。

？ 北山文化と東山文化の違いは？

3代将軍足利義満が北山にたてた鹿苑寺（金閣寺）に代表される文化は、北山文化とよばれる。伝統的な公家文化と新しい武家文化が融合し、明との貿易や禅宗など大陸文化の影響もある華やかな文化。五山文学、水墨画、観阿弥・世阿弥による能なども生まれた。

●鹿苑寺（金閣寺）

黄金の鳳凰（聖なる天子が出現したときに祝福する想像上の鳥）

究竟頂（禅宗仏殿風）

潮音洞（武家造）

法水院（寝殿造風）

金閣（舎利殿）

金閣は、公家文化の寝殿造りの上に武家造りを重ね、禅宗仏殿造りを重ねた建物となっていて、若いころから坐禅に打ち込み、将軍から太政大臣になって出家した義満らしい造りとなっている。

●慈照寺（銀閣寺）

潮音閣（禅宗様）

心空殿（書院造）

銀閣（観音殿）

8代将軍足利義政の後継者問題から応仁の乱が起こり、京都は焼け野原となった。足利義政は政治に無関心だったが、学問や芸術に情熱を傾け、東山殿で文化人や芸術家たちと親しく交流した。「同朋衆」と呼ばれる芸術集団が集まり、茶をたて、花をいけ、芸能を演じ、東山殿は芸術家たちのサロンとなった。禅をとりいれた草庵の茶を重んじた村田珠光は、足利義政と東山殿で交流し、ここから「わび、さび」の極致ともいわれる「茶の湯」がはじまったとされているよ。

？ 足利義政が「大文字送り火」を始めた？

足利義政は、合戦で亡くなった息子の精霊を送るため、東求堂の裏山に大の字形をつくらせ、お盆の16日の夜に点火した。これが「大文字送り火」のはじめだったらしい。

でも他にもいろいろな説があって、「空海が疫病退散のために人の形を表す〈大〉の字を書いて護摩を焚いたのがはじまり」というものもあるよ。

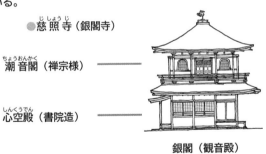

安土桃山時代

西暦	内　容
1551	フランシスコ・ザビエルが宣教師として初めて入京。
1568	織田信長入京。
1571	比叡山焼き討ち。
1573	室町幕府滅亡。 （上京焼き討ち 足利義昭追放）
1575	織田信長、京都で大茶会を催した。千利休が茶頭を務めた。
1579	楽長次郎が千利休の指導で楽焼を始める。
1582	本能寺の変。山崎の合戦。
1585	豊臣秀吉、大徳寺で大茶湯。
1586	豊臣秀吉、太政大臣となる。
1587	豊臣秀吉、内野に聚楽第を築く。
1589	豊臣秀吉、大仏殿と五条大橋を建造。
1590	三条大橋を建造、京の東の玄関口とする。
1590	諸寺院を移転。寺町・寺之内の寺院街をつくる。
1590	天下統一（北条氏滅亡）。
1591	京都の外周に御土居を築く。
1591	本願寺（西本願寺）が現在の場所へ移る。
1591	大徳寺山門木像事件で、千利休切腹。
1592	豊臣秀吉の朝鮮出兵。耳塚を築造した。
1594	豊臣秀吉が伏見城築城。
1597	慶長の役。
1598	豊臣秀吉が醍醐の花見の宴を催す。三宝院造営。
1598	豊臣秀吉没する。
1600	関ヶ原の戦い。

戦国大名が各地で領地争いをつづけるなか、尾張の織田信長は、敵対する大名を次々と打ち破り、足利義昭を守って京都に上洛した。織田信長は延暦寺を焼き打ちで攻め落とし、一向一揆も平定したが、家臣の明智光秀に裏切られ、京都の本能寺で自害した。

信長の死後、豊臣秀吉が天下統一を完成させた。秀吉は平安京の大内裏に聚楽第を造営した。また、荒れ果てた京の都の大改造を行い、寺町、公家町、町人町を区別し、洛中を御土居で囲んだ。そして検地と刀狩りで兵農分離をすすめた。けれども、朝鮮出兵を強行したため豊臣政権を衰退させた。

本能寺

織田信長は室町幕府を倒し、全国統一を進めていたが、本能寺で自害した。当時の本能寺は六角西洞院にあったが、豊臣秀吉によって現在の寺町御池に移転した。ここに織田信長の廟がある。

天王山にある山崎の合戦屏風絵

天王山と山崎の合戦（天王山の戦い）

本能寺の変の知らせを聞いて備中高松城の城攻めから引き返してきた豊臣秀吉は、織田信長を討った明智光秀を、京都の入口の山崎の合戦で打ち破った。明智光秀にとって、わずか11日半の天下だった。

伏見の城下町づくり

十石船の運行

晩年の豊臣秀吉は、京都・大坂・近江・奈良の交通の要所で、宇治川・桂川・鴨川が流れる伏見に伏見城を築いて居住した。優れた土木家でもあった秀吉は、伏見の町を洪水から守るため、日本初の大規模な国営干拓事業として太閤堤、槙島堤と呼ばれる堤防を築き、巨椋池と宇治川を分離する大工事を行い、伏見港を開いた。城下町は武家屋敷、寺社、町家、道路などの区画整理が行われ、全国各地から有力大名が集められ、大名に呼び寄せられた商工業者も住むようになった。

三宝院

三宝院は醍醐寺の歴代の住職の住まいで、僧・勝覚の創建。国の特別史跡、特別名勝に指定されている庭園は、豊臣秀吉が1598年の醍醐の花見のときに、みずから基本設計をしてつくらせた。本尊の弥勒菩薩坐像は鎌倉時代の名仏師、快慶の代表作。

宝泉院

お寺に残された血天井

豊臣秀吉の死後、関ヶ原の戦いがおこり、徳川家康が天下を統一した。この時、伏見城を守った鳥居元忠らが討ち死にし、その血に染まった床板が「血天井」として正伝寺、源光庵、宝泉院、養源院等に今も残されている。

秀吉の京都大改造
？ を調べてみると……

秀吉の京都の大改造とは？

平安京は応仁の乱で破壊され、大半が焼失した。この復興の大事業を、わずか十数年で成し遂げたのが豊臣秀吉の京都大改造なんだ。全国の城下町づくりに与えた影響も大きかっただろうね？秀吉の京都の大改造というのは、いったいどんなことだったのかな？

？ 聚楽第の瓦は金色だった？

秀吉はまず、平安京の大内裏跡を利用して、堀で囲まれた金箔瓦の聚楽第を建設した。この工事はわずか5ヶ月で完成したらしい。これは政治を行う場所を兼ねた秀吉の大邸宅で、堂々とした城郭でもあり、周辺には武家屋敷、公家屋敷、町家などが整然と区画されていた。また、御所の修築も行い、平安京は聚楽第と御所を中心とした軍事的性格を持つ城下町となったんだ。では、聚楽第はこの後どうなったのかな？

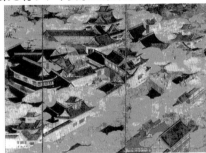

聚楽第図屏風（三井記念美術館蔵）より

？ 洛中を取り囲む「御土居」とは何か？

御土居というのは、東は鴨川、北は鷹峯、西は紙屋川、南は九条の延長約23kmにわたる高さ約4～5mの土塁とその外側の幅4～18mの堀のことだよ。

京都の地形にもとづいて、外敵侵入を阻止する外堀としての役割や、河川の氾濫から市街地を守る防災の役割をもたせる大胆で綿密な計画だった。この御土居によって、洛中と洛外が区別されるようになったんだ。

北野天満宮近くの御土居跡

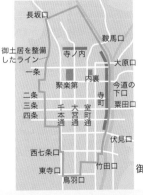

御土居の全図

？ どのようにして町づくりに成功したか？

秀吉は、戦国時代の荒廃した上京と下京の広大な空閑地を有効活用するため、平安京の正方形の区画のなかに、新しい道路を南北に何本も通して、短冊形に町割りを行った。（23頁の京町家の説明も参照）

また、当時、家屋の敷地は寺社や公家の所領で、町民は家屋を所有していただけだった。そこで秀吉は、寺社や公家にその替え地を洛外に与え、洛中の町民の地代を永代免除としたんだ。それで町民たちは洛中の土地を共有財産とみなして、自分たちの町の組織をつくっていったそうだよ。

？ 寺町の造成と本願寺の移転

洛中に散在していた寺院を強制移転させて、洛中を守るように市街地の東側に「寺町通と寺院街」を、北部には「寺之内」を作った。また、大坂の本願寺を現在の西本願寺に移転させた。

寺院の境内は、縁日・見世物・催し物に利用されてにぎわい、寺町通の西側には石塔屋、位牌屋、数珠屋、筆屋、扇屋、表具屋など、関連するお店が立ち並んで繁栄したそうだ。今でもそうなっているのかな？

寺院が並ぶ寺町通り

？ 日本一の大仏と大仏殿の運命は？

秀吉は、方広寺に奈良の東大寺の大仏よりも大きな高さ18mの日本一の大仏と大仏殿を造った。

この大仏殿は、1596（慶長元）年の地震で崩壊・消失し、1611（慶長16）年に豊臣秀頼により再建された。ちなみに、有名な高瀬川は、この大仏殿の再建資材運搬のため角倉了以によって開かれた河川だそうだよ。でも、大仏殿は再び消失してしまって、今はあまり知られてもいない。

江戸時代

西暦	内　容
1600	聚楽第を移築し、西本願寺飛雲閣を築く。
1601	京都所司代設置。
1602	徳川家康の援助で、東本願寺なる。
1603	徳川家康征夷大将軍となり江戸幕府を開く。
1603	徳川家康、二条城築城。
1603	出雲の阿国、「かぶき踊」を始めた。
1605	宮本武蔵、京都の兵法家・吉岡一門と対決。
1607	朝鮮出兵後はじめて朝鮮通信使節が入洛。
1611	角倉了以が高瀬川を開削着手。
1615	大坂夏の陣。豊臣家滅亡。武家諸法度。
1615	禁中並公家諸法度。本山・末寺制度。
1619	南座などの芝居小屋ができる。
1619	本阿弥光悦、鷹峯に法華信徒の町を開く。
1623	淀城が築かれる。
1624	桂離宮の造営。
1639	ポルトガル人の来航禁止（鎖国）。
1641	石川丈山、一乗寺に隠棲し詩仙堂を営む。
1659	後水尾天皇が修学院に修学院離宮を造営。
1661	明から渡来した隠元禅師、黄檗山万福寺を創建。
1662	伊藤仁斎、堀川下立売に私塾を開く。
1688	この頃から西陣織が最盛期。数万人が機業に従事。
1691	松尾芭蕉が向井去来の草庵に滞在。『嵯峨日記』を記す。
1692	宮崎友禅斎が文様染めを手がけ友禅染を考案。
1729	石田梅岩が車屋町御池で心学の講釈を始めた。
1780	『都名所図会』がベストセラーになった。
1833	天保の大飢饉。
1837	大塩平八郎の乱。
1841	天保の改革。
1853	ペリー浦賀来航。
1861	和宮、将軍徳川家茂に降嫁。
1864	池田屋事件。
1864	禁門の変（蛤御門の変）。
1867	大政奉還。

大坂夏の陣で豊臣家を滅ぼした徳川家康は、幕藩体制を確立し、江戸幕府を開いた。家康は二条城を築き、京都所司代を設置した。京都は人口が50万人を超え、江戸、大坂に継ぐ日本第三の経済・文化都市として繁栄した。徳川家康・秀忠・家光は、豊かな財源で京都の多くの寺社を再建させ、鎖国政策のもと、元禄文化に代表される日本独自の文化が開花した。

1853年6月のペリーの浦賀来航は、鎖国300年の日本を混乱に陥れた。開国に踏み切った幕府を批判する勢力が天皇のいる京都に集結し、血なまぐさい騒乱の日がつづいた。

東本願寺

徳川家康の寄進によって創建された、浄土真宗大谷派の本山。浄土真宗の祖である親鸞ゆかりの寺で、『教行信証』他、重要な文化財がある。京都では「お東さん」と親しまれている。現在の建物は明治に再建されたもの。

二条城

二条城は徳川幕府が京都御所を守護するための宿泊施設として徳川家康が造営した城。二の丸御殿は武家風書院造を代表する建物。狩野派のふすま絵、彫刻、二の丸庭園が有名。1867年には15代将軍の徳川慶喜が二条城に諸大名を集めて大政奉還を決議した。

詩仙堂

江戸時代の文人で徳川家康の側近でもあった石川丈山が、晩年をすごした山荘。丈山は狩野探幽に中国の詩家36人の肖像を描かせ、みずから詩を書き加えたものを四方の壁にかかげたことから詩仙堂とよばれる。

修学院離宮

修学院離宮は後水尾上皇によって造営された。上・中・下の3つの離宮からなり、借景の手法をとりいれている。修学院離宮は将軍が修繕費を援助し、歴代上皇の行幸が続いた。

蛤御門の変（禁門の変）

蛤御門（禁門）

祇園祭の宵宮の時、三条小橋の池田屋に、新選組が切りこんで攘夷派の志士を殺傷した。この池田屋事件により、長州藩は京で挙兵し、京都御所の中立売・禁門・下立売の3門から攻撃を開始した。長州藩は幕府と手を組んだ会津藩や薩摩藩に敗退した。京の町は27000戸の町家と253の寺社が焼失した。蛤御門の変で焼け野原になってしまった京の町を、人々は「京のどんどん焼け」とよんだ。

うくりのヒント

あこがれの
舞妓さんのこと
？ を調べてみると……

　舞妓・芸妓は、江戸時代に京都の八坂神社あたりの水茶屋の娘たちが、参詣者や旅人たちに歌舞伎芝居を真似て三味線や踊りを披露したことから始まったそうだ。

？ 舞妓さんのスタイルは？
　華やかでつややかな舞妓さんの姿は、江戸時代の室町通の呉服問屋の娘さんの姿といわれている。

　舞妓さんの日本髪はすべて自分の髪で結い、髪型は何種類かある。舞妓さんになったばかりは「割れしのぶ」という髪型で、2年ほどたつと「おふく」に変わる。祇園祭など特別なときは「勝山」に結う。

　頭にさす花かんざしは1月から12月まで毎月変わる。お化粧は、最初の1年は下唇にしか紅をささない。また顔を白く塗るのは、照明器具がろうそくだった時代、薄暗い中でもはっきりと顔が見えるようにとの工夫の名残りだとか。着物は舞妓さんの持ち物ではなく、すべて置屋の女将さんのもの。舞妓さんの厚底の履き物は「おこぼ」という。

割れしのぶ

勝山

おふく

？ 舞妓さんになるには？
　舞妓さんは誰でもすぐになれるものではなく、お座敷に出られるようになるには「仕込みさん」として、花街のしきたりや行儀作法、京言葉（花街ことば）を修行しなければならない。中学校を卒業してすぐに置屋さんで修行をはじめる娘さんが多く、なかには置屋さんで修行しながら中学校へ通う場合もある。修行が終わり、舞妓さんになる前の一ヶ月は「見習いさん」としてお茶屋さんの仕事を手伝いながら、実際のお座敷にでるための勉強をする。

　そして、置屋さんに表札を出してもらい、組合にも登録が済むと、いよいよ舞妓さんとしての仕事がはじまる。

？ 五花街とはどこのこと？
　現在、京都には祇園甲部、祇園東、先斗町、宮川町、上七軒の五花街がある。それぞれの花街の舞妓さんや芸妓さんが日頃の芸を披露する「をどり」は、京都を代表するイベントで、「都をどり」、「祇園をどり」、「鴨川をどり」、「京おどり」、「北野をどり」などが有名。

「北座ぎをん思いで博物館」
　明治25年まで、南座の北側には北座があった。この跡地に井筒八ッ橋本舗が劇場風店舗を開設し、5階に博物館を設けている。祇園町の歴史・文化、花街の風物を紹介し、伝統的髪型、著名な文化人の遺品なども展示。また、定期的に舞妓、歌舞伎、祇園にまつわる特別展を開催する。

明治時代以降

西暦	内　容
1868	京都府誕生。
1868	王政復古 五箇条の御誓文 戊辰戦争
1868	神仏分離令が出され、多くの神社が再興。
1869	東京遷都。版籍奉還。
1869	京都に日本で最初の小学校開校。
1875	新島 襄が同志社英学校を開いた。
1876	京都府師範学校開校。
1877	京都駅竣工。京都・神戸間開通。
1881	北垣国道、第3代府知事となる。
1889	京都市誕生。
1890	琵琶湖疏水完成。翌年、水力発電が始まる。
1895	平安神宮が創建。
1895	平安遷都千百年紀念祭。時代祭の創始。
1895	第4回内国勧業博覧会 チンチン電車が走る。
1897	京都帝国大学が2番目の帝国大学として開校。
1897	日本初、四条河原で映画が上映される。
1908	三大事業着手。
1912	市電が開通。
1932	京都市の人口が100万人を超える。
1933	巨椋池、日本初の大干拓事業。
1939	二条離宮を京都市に移管、二条城と改称。
1941	真珠湾攻撃 太平洋戦争。
1945	ポツダム宣言受諾。
1949	湯川秀樹がノーベル物理学賞受賞。
1950	金閣が放火により焼失。1955年に再建。
1965	朝永振一郎がノーベル賞を受賞。
1973	方広寺大仏殿焼失。
1975	東映京都撮影所が東映太秦映画村を開設。
1981	福井謙一がノーベル賞受賞。
1981	京都市地下鉄烏丸線開通。
1985	平安建都1200年記念協会発足。
1987	第1回世界歴史都市会議開催。
1987	国際日本文化研究センター開設
1994	世界文化遺産に「古都京都の文化財」17ヶ所登録。
1997	地球温暖化防止京都会議開催。
2002	田中耕一がノーベル賞受賞。
2005	京都御苑に京都迎賓館が完成。
2012	山中伸弥がノーベル賞受賞。
2014	赤崎勇がノーベル賞受賞。
2017	京都学・歴彩館オープン。
2018	本庶 佑がノーベル賞受賞。
2023	文化庁が京都に移転

明治元年、明治天皇は東京に移った。京都にとってこの東京遷都は、大きな打撃となった。京都に活気を起こしたのは京都府の優れた近代化政策で、その中心人物は2代目知事の槇村正直と3代目知事の北垣国道だった。日本最初の小学校の設置、京都博覧会の開催、琵琶湖疏水建設、それにともなう水力発電の実施と市街電車の運行、赤煉瓦の近代建築の建設など、全国にさきがけた新しい試みを次々に実行し、京都市は見事な近代都市として新たな輝きを放つことになった。

また、第二次世界大戦では、空襲にほとんど遭わず、町家と貴重な文化財の多くは無傷のまま終戦を迎え、2023年現在の京都市は、国勢調査人口約144万人。日本第8位（東京を除く）の大都市で、豊かな伝統文化を保全する都市となっている。

三大事業

南禅寺境内の水路閣

明治の末期から大正期にかけて、京都市三大事業と呼ばれる都市計画が実施された。この三大事業とは、水利事業（第二疏水開削と発電事業）、上水事業、道路拡張事業・市電敷設事業をさす。

平安神宮

明治28（1895）年に内国勧業博覧会を開催、平安遷都1100年を盛大に迎えた。その記念として建てられたのが平安神宮。桓武天皇を祀り、昭和15（1940）年には孝明天皇も合祀する。平安京の内裏を復元したもので、庭は明治時代を代表する小川治兵衛の作で、琵琶湖疏水を使った池泉回遊式の雄大な庭園。

時代祭

平安神宮が建設されたとき、平安遷都1100年を祝うために始めた祭り。明治維新から平安遷都までの時代をさかのぼる風俗行列が、京都御所から平安神宮までを練り歩く。

古都京都の世界文化遺産

国宝建造物や特別名勝庭園があり、併せて周辺の風致景観が保護されている寺社や城17件が、世界文化遺産「古都京都の文化財」として登録される。内14件は、京都市内にある。

下鴨神社

【京都市内】下鴨神社／上賀茂神社／西芳寺（苔寺）／高山寺／清水寺／東寺／醍醐寺／仁和寺／西本願寺／天龍寺／金閣寺／龍安寺／銀閣寺／二条城
【京都市周辺】延暦寺／平等院／宇治上神社

文化庁 京都移転

文化庁

地方の文化を活用し、地方から日本を元気にするために文化財が豊富に保全されている京都が文化庁の移転先に選ばれた。東京一極集中を地方分散に変える、明治維新以来初めての試みが進行している。

東京遷都、衰退への挑戦

? を調べてみると……

東京への遷都による危機をどうやって乗り越えたか?

　明治時代に都が東京へと移されると、京都は人口が35万人から25万人へと激減。産業も衰退していった。このとき、京都を復興させた大事業は、琵琶湖疏水計画だった。

　明治14年、京都府知事の北垣国道(きたがきくにみち)は、新産業を興(おこ)し、天皇を失った京都の衰退を防ぐため琵琶湖から京都に水路を造る壮大な計画に着手した。この大事業には反対の声も大きく、工事はむずかしく、一時は囚人(しゅうじん)たちも動員したほど重労働だった。でも、努力が報われて、明治23年には両陛下を招いて竣工式(しゅんこうしき)を行うことができたんだ。

琵琶湖疏水記念館
　岡崎の京都市動物園の横にあり、水力発電を利用したインクラインの仕組みが分かる模型など、当時の貴重な資料が展示されている。入場は無料。

水路閣(すいろかく)

インクライン跡地

哲学の道の疏水
　京都盆地は、北が高くて南が低い。でも、哲学の道を流れている疏水は南から北へ向かって流れ、その水は琵琶湖からきている。これは明治時代の京都の大事業の一部なんだ。

琵琶湖疏水の波及(はきゅう)効果の大きさは?

　琵琶湖疏水は上水道、灌漑(かんがい)用水、舟運、発電、レクリエーションなどに利用された。舟運は、インクライン(傾斜鉄道(けいしゃ))により三十石船(さんじゅっこくせん)をそのまま台車にのせて上下させ、京都と琵琶湖の物資の運送に役立てられた。また、発電によって新しい工場が生まれ、日本最初の路面電車が開業できた。各家に電灯が灯(とも)ることにもなり、京都は活力を取り戻した。そして何よりも、京都の人々に未来を切り開く忍耐と希望を与えたことが大きかったんだ。

　今ではインクラインと路面電車は廃止されているが、京都市内の約97%は琵琶湖疏水からの給水だ。また、琵琶湖から山科(やましな)〜鴨川への本流、南禅寺から哲学の道〜高野川(たかのがわ)〜賀茂川〜堀川に至る分線、鴨川沿いに伏見に至る水路は、防火用水、発電、水辺の憩いの場となっている。南禅寺境内の橋の上を流す「水路閣」は、寺の景観に溶け込み文化財として親しまれているよ。

? 多くの驚きとなぜ?

・北垣国道知事が、今の東京大学を卒業したばかりの21才の青年技師・田辺朔郎(たなべさくろう)を抜擢(ばってき)したこと。

・3つのトンネル開削(かいさく)個所は日本初の大工事で、長等山(ながらさん)の第一トンネル(2,436m)は当時、類をみない長大トンネルだったが、外国人技師の手を借りなかったこと。

・当時の未発達な土木技術や貧弱な機械・材料のもと、大半の資材を自給自足し工事を進めることができたこと。

・アメリカ合衆国で水力発電が始まったことを知った田邉朔郎が、工事の途中で米国へ視察に行き、水力発電の実用化に踏み切るという大きな変更を行うことができたこと。

・明治24年、蹴上(けあげ)に日本最初の商業用水力発電所が稼働したこと。

・完成した疏水は、世界で二番目の水力発電所の建設につながり、日本初の市電が京の町を走ることとなったこと。

※京都の蹴上から滋賀の大津までの琵琶湖疏水には、上り(所要時間約80分)、下り(所要時間約100分)で遊覧船が運航している。(3〜10月頃)

建築

**どんな建物を見たいのか事前に候補をしぼり
場所や歴史的背景をよく調べてからまわってみよう。**

醍醐寺五重塔

京都市内には、国宝の建造物は43件（全国の約20%）、重要文化財の建造物は219件（全国の約9%）ある。長い歴史の中で、しばしば火災や戦乱に見舞われ、15世紀の応仁の乱では多くの貴重な建物が失われた。しかし、被害をくぐり抜けて現在に伝えられた建物はいくつも残っている。

醍醐寺五重塔は平安時代前期の建造物で、現在、京都府内で一番古い。日野法界寺阿弥陀堂、広隆寺講堂、千本釈迦堂本堂、六波羅蜜寺本堂なども応仁・文明の乱以前の貴重な建物だ。

明治時代になると開国により西洋建築が登場。第二次世界大戦の空襲の被害をあまり受けなかった京都は、近代・現代建築のメッカだ。

- **古代建築**
  寝殿造——京都御所、大覚寺「宸殿」
  祇園造——八坂神社本殿
- **中世建築**
  禅宗仏殿造——東福寺禅堂
  書院造——銀閣寺東求堂、二条城二の丸
  書院、醍醐寺塔頭・三宝院表書院など
- **近代建築**
  城郭——二条城
  茶室——妙喜庵待庵、裏千家の又隠、今日庵、表千家の不審庵、松向軒（大徳寺の塔頭・高桐院）、茶室密庵（龍光院）、傘亭・時雨亭（高台寺）など
  数寄屋造——桂離宮、修学院離宮
- **現代建築**
  西洋建築——旧日本銀行京都支店：京都文化博物館別館、中京郵便局

庭園

**山紫水明の京都には、美しい庭園が多い。四季を通じて美しい山並を借景するものもある。
時代ごとの変遷も見ることができる。**

宮廷や貴族の別荘の広大な庭園、金堂や阿弥陀堂の前に池を造り、蓮を植えたりして極楽浄土をあらわそうとした浄土庭園、水を砂で、山や滝を岩で表現する枯山水庭園、茶道の発展とともに生まれた露地庭園など、さまざまな庭園がつくられた。

江戸時代には池泉回遊式庭園、明治になると政治家や実業家の別荘などに名庭園がつくられた。

なお、特別公開の期間が決められている庭園や予約が必要なところがあるので注意が必要。

大覚寺の大沢池

- 池泉庭園——神泉苑（平安京の池泉庭園の遺構）、大覚寺の大沢池（嵯峨天皇の山荘だった嵯峨院庭園の遺構）
- 浄土庭園——宇治の平等院、花園の法金剛院に復元された庭園
- 枯山水庭園——龍安寺の石庭、大徳寺の大仙院・聚光院、妙心寺の退蔵院、霊雲院、南禅寺の金地院など
- 露地庭園——表千家露地、藪内家露地、西翁院露地など
- 池泉回遊式庭園——東本願寺渉成園、桂離宮、修学院離宮など
- 小川治兵衛の近代造園——平安神宮神苑、無鄰庵、円山公園、仁和寺御所庭園

美術

**京都は政治だけではなく日本美術の中心だった。
あらわれては消えていく権力者と宗教の存在が、才能ある芸術家と傑作をはぐくんだ。**

高山寺・鳥獣戯画

仏教とともに入ってきた仏像は、平安時代に唐様から和様へと変化し、鎌倉時代には仏師の工房ができて大量に作られ、たくさんの傑作も生まれた。京都には文化的価値のある彫刻が多く、ほとんどが仏教と深くかかわっている。

絵画は空海が唐から持ち帰った密教絵画にはじまり、水墨画と大和絵が融合した障壁画をへて、庶民の世相や写実的な絵画へと発展した。明治には日本初の公立美術学校が開校され、すぐれた画家を多数生みだした。

京都のお寺や美術館は、仏像、屏風絵、工芸品などの宝庫だが、特別公開のときにしか見られないものがあるので、事前に調べておく必要がある。

仏像の分類例
- 唐様仏像——広隆寺の弥勒菩薩半跏思惟像、清涼寺の釈迦如来像
- 平安中期の和様仏像——平等院の阿弥陀如来坐像、永観堂の阿弥陀如来坐像
- 平安末期から鎌倉時代にかけての仏像の傑作——運慶、快慶の作品

絵画の分類例
- 平安初期——空海が持ち帰った密教絵画
- 平安末期——浄土信仰の絵画（平等院・阿弥陀来迎図）、大和絵・絵巻物（高山寺・鳥獣戯画）
- 鎌倉時代——肖像画（神護寺・伝源頼朝像）
- 室町時代——水墨画（雪舟）、幕府の御用絵師・狩野派の障壁画、屏風画
- 安土桃山時代——海北友松・長谷川等伯・狩野永徳一派
- 江戸時代以降——尾形光琳、伊藤若冲、円山応挙、与謝蕪村、池大雅、富岡鉄斎

仁和寺の仏像

石と砂利の

枯山水の庭のわけ

？を調べてみると……

？ 枯山水の庭づくりは、なぜ始まったのだろう？

池や泉などの水を用いないで、石と砂利を中心として作庭したのは、水利が悪く広さも限られている場所に作ろうとしたかららしい。

京都は白い花崗岩の山々に囲まれているため、盆地に運ばれてくる白川石の真っ白な砂利は、重宝されたそうだよ。

？ 庭づくりをした人たちは、お坊さんだった？

鎌倉時代から室町時代にかけては、武家風の書院づくりが盛んで、多くの枯山水の庭園が作られた。石立僧という作庭が上手な僧侶（有名な人では夢窓疎石）が中心となったが、身分の低い山水河原者も多く、足利義政は、善阿弥を重用した。山水河原者の技術は高く、他にも虎、虎菊、又四郎などの名が伝えられている。

夢窓疎石は、西芳寺（苔寺）、天龍寺等の開山。国師の称号を授けられた。多くの庭園の設計でも知られている。

？ 庭の鑑賞の仕方があるか？

枯山水の庭を作るとき、まず「石を立てる」。このときに、庭を鑑賞する場所を定めて、たとえば床の間の前や縁側などからの石の見え方でその配置を決める。だから、そこに静かに座って鑑賞してみよう。

有名な龍安寺の石庭は、15個の石と石砂だけで作られていて草花はない。横に長い庭で、一度に全部の石が見渡せないこともあって、鑑賞の仕方がむずかしいとされているよ。

砂紋を描くことも、大切な修行のひとつにされているんだ

ほうきや熊手などで描かれるので、ほうき目ともいわれるよ

砂紋のいろいろ

うずなみ

さざなみ

かたおなみ

うねり

あじろなみ

せいがいは

いげたもん

？ 枯山水の庭は、何を表しているのだろう？

枯山水の庭は、石を山に見立て、砂を川や海に見立てる。山は不動のシンボルで、仏教では宇宙の中心には不動不変の須弥山があるとする。つまり、石には変わらないものを求める心が反映されている。花のうつろいやすさと不動の石。石に寄り添う苔。これらを見ながら、塀や垣根で境界を作った庭にやすらいで、自分も大きな自然の一部だと気づく、そういう場所にしているらしい。

大きな石は雲海から突き出た山頂や海の島々を表しているとか、虎の親子が川を渡る様子だとかいわれているよ

エリザベス女王が、この龍安寺の石庭を見て感嘆の声をあげたことから世界的に知られるようになったんだって

へえ～、禅アートなんだ～

文学

京都はさまざまな歌や文学が生まれ、多くの文学作品の舞台ともなっている。
文学作品を読みながら関連する史跡を訪ねて歩くと、発見が多いかも。

紫式部

京都で生まれた歌
- 日本初の勅撰和歌集…『古今和歌集』（平安時代に紀貫之が醍醐天皇へ贈った）
- 京都の歌枕…「あだし野」「嵐山」「鳥辺山」「小倉山」
- 鎌倉時代…『小倉百人一首（藤原定家）』
- 京都で活躍した歌人…紀貫之、小野小町、伊勢、西行、藤原定家、与謝野晶子

京都が舞台の古典文学の一例
- 『源氏物語』…上賀茂神社、下鴨神社、鳥辺野、野宮神社
- 『平家物語』…寂光院、八坂神社、祇王寺、長楽寺、鹿ヶ谷
- 『徒然草』…仁和寺、上賀茂神社、化野念仏寺
- 『枕草子』…清水寺、伏見稲荷大社

京都が舞台の近代文学の一例
『細雪』谷崎潤一郎、『古都』川端康成、『高瀬舟』森鴎外、『檸檬』梶井基次郎、『虞美人草』夏目漱石、『暗夜行路』志賀直哉、『金閣寺』三島由紀夫

芸道芸能

京都に家元がある伝統芸能の流派がいっぱい。

南座

奈良時代に大陸から伝わった散楽は、平安時代には猿楽と呼ばれ、演劇的な要素が加わって発展。室町時代には足利義満をはじめとする武家や公家の協力によって、世阿弥が幽玄美を理想とする歌舞中心の能を大成した。現在は京観世五軒家がおかれ、金剛家が唯一京都に家元を構えている。

能の合間に演じられる狂言は、京都では大蔵流狂言の茂山家が現在も活躍している。歌舞伎は、鴨川の四条河原や北野天満宮の境内で出雲大社の巫女を名のる出雲阿国が「かぶき踊り」をしたのがはじまり。庶民の娯楽として広まり、多くの芝居小屋が立ちならんだ。四条大橋の東側にある「南座」で毎年12月に行われる「顔見世」は、多くの観客を集めている。

雅楽も平安時代には宮廷の儀式に欠かせない音楽・舞踊として発展し、受けつがれている。他にも日舞の井上流など、京都に本拠を置く伝統芸能の流派は多い。

●京都の伝統芸能スポット
- 金剛能楽堂
- 大江能楽堂
- 河村能舞台
- 京都観世会館
- 南座

祭

京都の祭や行事には、宮中で行われていたものが神社や民間で行われるようになったものも多く、千年の都ならではの伝統行事や祭が現代に受けつがれている。

京都の三大祭といわれる祭は、祇園祭、葵祭、時代祭。

祇園祭は八坂神社の祭で、もとは平安時代の疫病の退散を願う祭（祇園御霊会）がはじまり。室町時代にはいると、商工業者を中心とする町衆の手によって運営されるようになり、都の大路を豪華な山鉾が進んでいく山鉾巡行のパレードがはじまった。

葵祭は平安時代から続く上賀茂・下鴨両神社（総称して賀茂社）の例祭で、『源氏物語』にもこの祭の様子が登場する。天皇の代理として神に仕える斎王（現在は斎王代）を主役とし、500人以上の平安装束の行列が御所を出発し、京都の町を練り歩く。

時代祭は、明治時代に平安京ができて1100年目を記念してはじまった祭。停滞した京都を復興する願いをこめて、平安時代から幕末維新までの時代風俗行列が京都御所から平安神宮まで練り歩く。

三大祭の他にも毎日のように祭が行われている。祭を見学するときは、毎年日程が変更される行事もあるので、必ず確認しよう。

祇園祭

お寺を体験して学ぼう

坐禅って
美容にいいん
だって

ホント？

● 天龍寺 ●●●●●●●●●●●●●●●●
坐 禅

身体と心を整えると、
やすらぎが得られるはず
なんだけど………？

　天龍寺は夢窓疎石がつくった美しい庭園がある禅寺で、世界遺産にも登録されている。この寺で禅の修行法として古くから伝えられてきた坐禅を体験できる。

　坐禅は心と体の健康、美容、リラクゼーションなどに、とても効果があることが分かってきて、大いに注目されている。坐禅や写経を体験して、日本の精神文化を見直してみよう。

● 大覚寺 ●●●●●●●●●●●●●●●●
写 経

　大覚寺は嵯峨天皇の書いた般若心経が伝えられる京都でも有名な写経の道場で、いつでも体験できる。

　写経の作法については「大覚寺ホームページ」で分かりやすく紹介しているから見てみよう。

● 寺社体験—歴史的な空間で心を澄ませる

　お寺の体験学習は多種多様となっている。「きょうと修学旅行ナビ」のサイトで調べてみよう。
□坐禅／□法話／□写経・写仏／□ 声明／□ 精進料理体験／□清掃体験／□尼僧修行体験／□念珠制作／□抹茶体験などができ、そのお寺ならではの法話も、提供されている。

□本能寺…「本能寺の変」の歴史と法話。
□廬山寺…紫式部の邸宅跡のお寺での法話。
□三千院…寺の起こりや仏教の教え、お経について。
□ 龍安寺…寺の歴史や庭の見方など事前に質問を Fax で送っておくと、当日返答してもらえる。
□川崎大師京都別院 笠原寺…尼僧のお寺での法話。
その他：
□ 妙心寺東林院「添菜寮」…精進料理の調理体験。

　室町時代のはじめごろから、禅寺の法堂の天井に龍の絵が描かれるようになった。龍は仏法を守る神さまで、天井に龍の絵を描くのは火災から寺を守るという意味もあるそうだ。

妙心寺（雲龍図・狩野探幽）
　狩野探幽が8年かけて描いたという大作。東から見ると龍がのぼっていくように見え、西から見ると龍がおりてくるように見える。

東福寺（雲龍図・堂本印象）
　体長54m、胴周り6.2m。天井いっぱいに描かれた宝珠を持つ巨大龍。

南禅寺（雲龍図・今尾景年）
　明治時代の日本画家・今尾景年の作。法堂のなかは暗いので見えにくいが、かわいらしい感じがする龍。

禅寺の龍めぐり

建仁寺（双龍図・小泉淳作）
　2002（平成14）年に建仁寺開創800年を記念して描かれた。コミカルな顔の2匹の龍が、からみ合いながら雄々しく舞っている。

天龍寺（雲龍図・加山又造）
　ずっと天井の龍が首を持ち上げてこちらへ迫ってくるような立体感に圧倒される。どこから見てもにらまれているように見えるので「八方睨みの龍」とも呼ばれている。

相国寺（蟠龍図・狩野光信）
　日本で一番古い法堂に描かれている。手をたたくと響きが長くのこり、まるで天井の龍が鳴いたように聞こえることから「鳴き龍」と呼ばれる。蟠龍とは地にとぐろを巻いて、まだ天にのぼらない龍のこと。春と秋に公開期間がある。

　〈注意〉雲龍図の公開日は、それぞれ限られているので確認しよう。

食べ物

京料理は平安時代の貴族の宴会料理の「大饗料理」にはじまり、肉や魚を使わない寺院の「精進料理」、武士の儀式のための「本膳料理」、茶道から生まれた「懐石料理」、庶民の家庭料理「おばんざい」などが互いに影響しあい、長い年月を経てできた。季節感を大切にし、素材の味を最大限に生かすために味付けは薄味。盛りつけの器にまで心配りを忘れない日本料理の代表。

山に囲まれた盆地の食文化を支えたのは、春の「京たけのこ」、夏の「賀茂なす」、冬の「九条ねぎ」など、独特の風土で育まれた野菜で、京野菜として親しまれている。

日本海や瀬戸内海でとれた海の幸は、塩漬けや干物などに加工されて京都に運びこまれた。京都の名産・鯖ずしは、若狭湾でとれた新鮮な鯖に塩をふり、鯖街道を一気に京都まで運んでつくられた。

京都の酒づくり、豆腐、湯葉、麩づくりは、豊富な地下水によって育まれてきた。伏見の酒はその代表で、京料理の調味料としても重宝されている。

町家

京都を訪れる観光客が魅力を感じるのは古い寺や神社だけではない。にぎやかな大通りから一筋入ると古い町並みが残っているところがたくさんある。江戸後期から大正時代に建てられたこれらの家は、京町家と呼ばれている。

応仁の乱後の京都は、豊臣秀吉の都市改造によって、二条を境とする上京と下京（現在の中京区と下京区）の自治都市に分かれ、上京の御所付近には公家や武家の屋敷町ができ、北西寄りには織物を主とする職人町ができた。下京は活気ある商工業地で、祇園祭でその繁栄ぶりを見せる町衆のエネルギーあふれる町となった。

「うなぎの寝床」と呼ばれる間口が狭く細長い奥行きの建築様式は、京町家に共通するものだが、場所によってそれぞれ雰囲気が違うので、その違いを比較しながらまわるのも面白い。また、町家をめぐりながら、京都に昔から伝わる知恵や生活習慣（打ち水、門掃き）など、京都人の美意識などをさぐってみるのはどうだろうか。

京ことば

京ことばは古くから使われている独特なことばで、のんびりとしたテンポで耳に心地よい、やわらかな響きがある。ものごとをはっきりさせず遠まわしな言いかたをしたり、同じことばをくり返したりするのが特徴。大きく分けて「町方ことば」と「御所ことば」の２つに分かれる。

「町方ことば」は、西陣の職人さんが使う「職人ことば」、室町の着物関係などの商家で使う「中京ことば」、祇園などの花街で使う「花街ことば」、八瀬・大原など京都近郊の農家で使う「農家ことば」がある。「御所ことば」は宮中や宮家で使われた公家文化独特のことば。

「おいでやす」…いらっしゃいませ
「おこしやす」…いらっしゃいませ（「おいでやす」よりていねい）
「おーきに」…ありがとう
「おきばりやす」…がんばってください
「はばかりさん」…ごくろうさま
「おしまいやす」…こんばんは
「おやかまっさん」…おさがわせしました、お邪魔しました
「おまっとさん」…お待ちどうさま
「おはようおかえり」…行ってらっしゃい
「かんにんえ」…ごめんなさい
「かなんなぁ」…困ったなあ、いやだなあ
「ごめんやす」…ごめんください
「そうどすえ」…そうですよ
「そうやおへん」…そうではない
「よーいわんわ」…思いもよらず情けない

●京ことばをもっと知りたい人のための本
『京ことば玉手箱』（ユニプラン発行）
『京ことば京存京英辞典 OKINI』（ユニプラン発行）
『京ことばまめ辞典』（京都の史跡を訪ねる会発行）

知るほどに面白い京町家

？を調べてみると……

京町家風の店舗や美術館・展示館

？ なぜ「うなぎの寝床（ねどこ）」になったのだろう？

豊臣秀吉は、関白（かんぱく）になると、応仁の乱（おうにん）で大半が焼失した京都を復興させるため、都市改造を行った。このとき、「地口銭（じぐちせん）」という家の間口（まぐち）の広さに応じた課税をしたため、間口を狭くして奥行を長くして節税（せつぜい）したらしい。他の理由としては、通りに面して並ぶ店の数を増やし、にぎわいを出そうとしたこともあげられている。

当時は、間口2間（約3.6m）前後、奥行（おくゆき）10～12間（約18～22m）の町家が多かったそうだよ。

？ 京の町家のこれは、何のため？

京格子（きょうごうし）「紅殻格子（べんがらごうし）」

犬矢来（いぬやらい）

通り庭（とおにわ）

虫籠窓（むしこまど）

鐘馗（しょうき）さん

坪庭（つぼにわ）

？ 最近の町家の新しい活用の仕方は？

古い町家をレストランや商店に再生させる動きが活発化し、観光京都の新（あら）たな魅力となっている。和食やおばんざい、そば・うどんなどの和風の店が多いが、ギャラリー、アンティーク・ショップ、宿・ホテル、美容院、リラクゼーション、焼肉、欧風料理、アジア料理、カフェ、焼きたてパンなど、町家の雰囲気を巧（たく）みに生かしていて、いい感じ。

● 内部を見学できる文化財の町家は？

・西陣くらしの美術館 冨田屋（とんだや）
（国指定登録文化財）
文化体験として、伝統町家を見学し、「京の心」「作法」「しきたり」等を学ぶことができる。

・秦家住宅（はたけ）（京都市指定登録文化財の町家）
「秦家住宅」は、三日以上前に予約を申し込み、返信を受け取ってください。
・京都生活工芸館 無名舎（むめいしゃ） 吉田家住宅（歴史的意匠建造物）
呉服の白生地の問屋だった町家を保存、公開している。店舗、住居、土蔵とそれらを結ぶ2つの庭と通り庭から成る町屋で、江戸から昭和にかけての暮らしを実感できる。要予約。
・角屋もてなしの文化美術館（国重要文化財）
江戸期の饗宴（きょうえん）・もてなしの文化の場。揚屋（あげや）建築唯一の遺構（いこう）となる建物と所蔵美術品等を展示・公開。（3月中旬～7月中旬、9月中旬～12月中旬）

● 町家についてのサイトは？

・はんなり京町家【検索】—京町家を再生利用し、町家文化の継承に寄与する店舗、ギャラリー、宿等を検索できる。
・京都を彩る建物や庭園【検索】—京都市による歩いてめぐれる町家サイト。

伝統工芸

●京焼・清水焼

京都の焼きものは、平安京造営とともに本格化し、豊臣秀吉のもとで楽焼（ろくろを使わない焼きもの）の基礎ができた。野々村仁清をはじめとする才能豊かな名工たちが独自のデザイン・技法を生みだした。手づくりによる多品種少量生産が特徴。

●京漆器

京漆器は平安時代にはじまり、茶の湯の文化や武家文化とともに栄えた。その特徴は、最高の素材の選択、独自の塗りや装飾技法、深い味わいと優雅さを備えた繊細な仕あがりにあり、食器類、茶道具、家具などが生産されている。

●京銘竹・京竹工芸品

京都はその気候風土から良質な竹の産地で、古くから庭園や茶室の柱、壁の下地、垣、簾などの建材として竹が使われ、京都の建築文化に重要な役割を果たしてきた。また、茶道の発達とともに、茶道具や花器にも高い技術が伝承された。

その他

●北山丸太

北山杉は平安京の繁栄とともに高級建築に利用され、室町中期以降、茶道の流行によって数寄屋造りの茶室の建材として用いられて発達した。

恵まれた自然と地形のうえに、たゆまない努力と英知によって、今日の育林、加工技術が培われてきた。

桂離宮や修学院離宮は北山丸太を使った貴重な遺産となっている。

染織

●西陣織

西陣織は染色した糸を使って模様を織り出す高級絹織物で、渡来系の豪族・秦氏が京都に住み養蚕と絹織物の技術を広めたのがはじまり。平安遷都以降は宮廷文化を中心に発展し、応仁の乱で山名宗全が西に陣をはったことが名前の由来となった。手仕事の織物として高い完成度を誇り、和装用だけでなくネクタイやインテリア製品まで幅広く用いられている。

●京友禅

絵画調の模様を絹の白生地に染めあらわす京友禅は、元禄年間に扇絵師・宮崎友禅斎が美しく華麗な絵を描き加えたのがはじまり。伝統的な手作業による「手描友禅」と型紙を用いる「型友禅」に大別される。

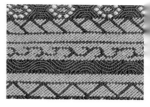

●京鹿の子絞

絞り染めは平安時代から宮廷衣装に用いられてきた。江戸時代には、その模様が子鹿の斑点に似ていることから「鹿の子絞」の呼び名になった。京鹿の子絞は、技法を駆使した複雑多彩な紋模様が特徴で、手仕事ならではのうるおいとあたたかさがある。

●京くみひも

絹糸を組み上げて作る京くみひもは、平安時代より神具・仏具、鎧兜、刀の下げ緒など、装身具や調度品に使われてきた。現代では、帯締、羽織紐など和装用として用いられるほか、アクセサリーなどにも使われている。

●手織ミュージアム・織成館【検索】

西陣の町家をそのまま生かした染織と工芸文化の展示場。手織物、能装束、時代衣装の鑑賞から工場見学、手織体験など、西陣が楽しめる。新館は、宮大工になったマイケル・アンダーセンが設計したもので、木の建物のよさが体験できる。

北野天満宮から西陣を歩くと、迷路のような路地に機の音が響き、歴史関係や工芸関係の見学スポットも多く、織成館を通り茶道資料館や西陣織会館あたりまで散策が楽しめる。

伝統文化を体験してみよう

家族への
おみやげにして、
とっても喜ばれ
ました。

● 体験学習を紹介するサイト

　京都の体験学習は非常に多種多様となっている。出版されたガイドブックもあるが、新しく開設されたり、閉鎖されたりする体験学習が多い。また、営業日・時間、料金、定員、所要時間、申込方法などについても変更が行われるので、インターネットのガイドを活用しよう。さらに、電話などで問い合わせ、直接その内容を確認しよう。

　次のサイトは、修学旅行生用の学習を紹介している。
◆「きょうと修学旅行ナビ」【検索】
　「体験学習」をクリック
　目的別、地域別に、体験学習のメニューを探すことができる。

● 体験学習のいろいろ（1）

　「きょうと修学旅行ナビ」の体験学習は、次の6つに分類されていて、伝統文化に関するもの、地域個性を活かしたものがあげられている。たくさんのメニューがあるので十分にチェックしよう。

1）工芸制作体験
□西陣織／□友禅染／□絞り染め・染色／
□京 繍・京くみひも・京 房ひも／
□京焼・清水焼・各種陶芸／
□京扇子・竹工芸・木工芸・木版画／
□京漆器・金属工芸／
□京念珠／□人形・和紙工芸／□クラフト制作など

2）寺社体験
　（寺社体験については、21頁を参照）

3）伝統文化体験
□茶道体験（抹茶体験・茶会体験など）／
□香の聞き方・香炉の扱い方の体験／
□能・狂言鑑賞・体験／□和太鼓体験／
□京 舞鑑賞／日本舞踊・古典舞踊など体験／
□雅楽・舞楽など鑑賞・体験／
□雅楽器の見学／□町家見学／
□京都人の暮らし方の体験

4）衣装着付け体験
□平安装束（十二単など）着付け体験／
□大原女着付け体験・散策／□舞妓着付け体験／
□時代劇衣装着付け体験／

5）京の味
□和菓子手作り体験／□八ツ橋手作り体験／□抹茶パフェ手作り体験／
□抹茶体験／□黒豆からきな粉を作る石臼体験
□漬物工場見学／□京の酒資料館の見学／
□食文化体験と資料館の見学／□京湯葉・京麩工房見学／
□京野菜・京料理手作り体験／□おばんざい／□和菓子／

6）その他の体験
□おもしろ学習／□文化・芸術・博物館／□京のまちと歴史
□企業・職業体験／□環境保全／□アウトドア
□京の自然／□郷土PR体験／□天文
□北山杉と京の自然
□キャンパス体験
□福祉・平和・国際
□環境学習
□農業体験
□異文化交流

● 体験学習のいろいろ（2）

　さらに自分たちにぴったりのものを探したい場合には、次のサイトも見てみよう。
◆「京の手創り体験　歴史の技と心に触れられる」【検索】
◆「京都工房コンシェルジュ」【検索】
　京都の工房を見学・体験できる施設を紹介。
◆京都のユニークな体験｜京都MICE情報サイト【検索】
　15の体験ジャンルに分けて紹介している。
□伝統芸能鑑賞□ノンバーバルパフォーマンス□自転車□茶道□華道□書道□伝統工芸□折り紙□着物／浴衣□十二単□日本料理□座禅□侍・舞妓 扮装□太鼓□町家ライトアップ
◆「京まなびネット」【検索】　京都市生涯学習情報検索システム
◆「京都市観光協会　体験施設一覧」【検索】
◆京都ハンディクラフトセンター「体験教室」【検索】
　□無線七宝□匂い袋作り□土鈴人形の絵付け□京こま作りなど、京都にゆかりのある伝統工芸品づくりの体験ができる。（予約受付。英語での説明も聞ける）
◆京都で手作り体験を探すならアソビュー【検索】
　□陶芸体験□ガラス細工□アクセサリー作り□匂い袋作り／□かんざし作りなど京都の伝統工芸・ものづくり体験。ジャンル別・料金順・ランキング順・口コミ情報などで検索・比較・予約が可能。
◆おすすめ京都体験・オスキョー【検索】
　心に残るとびきり京都体験を発見し、その予約ができる。

インタビューをしてみよう

　自主研修のテーマについて、何か疑問をもっているときには、その疑問に答えてくれそうな人たちにどんどんインタビューしよう。

　ここにインタビューするときに知っておくといい留意点をあげた。

　慣れないうちは、班のメンバーみんなで協力して聞いてみよう。

インタビューの留意点

　インタビューするときには、事前にできるだけ調べて、聞くことを考えておこう。

　よく調べてから聞くと、本当に知りたいことを答えてもらうが、何も知らないまま聞くと、適当な答えしかもらえなかったりするかもしれないよね。

　インタビューは、こんなふうにしてみよう。

1．質問を整理しておく。

2．インタビューする人に自己紹介をする。

3．聞きたいことを分かりやすく伝える。

　　相手の目を見て、聞きたいことをできるだけ大きな声ではっきり言おう。

4．ていねいなことばづかいを心がけよう。

5．相手の話を注意深く聞き、あいづちを打とう。

　　相手の人が話しやすくなるからね。

6．話を聞きながらメモをとる。

7．分からないところは質問しよう。

8．インタビューが終わったら、写真を撮らせてもらえるか聞いてみよう。

9．最後に、お礼を言おう。

　インタビューは、相手の都合があるので受けてもらえないこともある。そうしたときには、だれか他の人を紹介してもらおう。

● 伝統工芸の職人さんにインタビューしてみよう
　伝統工芸の職人さんの実演を見学して質問してみよう。
《場　所》
「京都伝統産業ミュージアム」【検索】
　ミュージアムでの職人実演スケジュール、イベント、ワークショップの開催などを調べよう。
「京都伝統工芸館」【検索】作業を目の前で見て、話しも聞ける。
「京都ハンディクラフトセンター」【検索】　など。

● 京町家に住む人にインタビューしてみよう

　四条烏丸のまわりには、今もたくさんの京町家があり、町家のなかが見学できるところもある。

　そこで、京町家について質問してみよう。

《場　所》
「京都生活工藝館・無名舎」、「秦家住宅」など、住居としての町家の見学ができる（要予約）。
「手織ミュージアム・織成舘」
　手織り工場としての町家が見学できる。
「大西清右衛門美術館」千家十職の釜師・大西家に伝わる茶の湯釜と茶道具類を公開。

● お坊さんにインタビューしてみよう

　京都には歴史に残る名僧が活躍したお寺がたくさんある。名僧ゆかりのお寺を調べて、お坊さんに質問してみよう。

《場　所》
「六波羅蜜寺（空也）」、「萬福寺（隠元）」、「建仁寺（栄西）」、「大徳寺（一休）」、「高山寺（明恵）」、「芬陀院（雪舟寺）（雪舟）」、「相国寺、銀閣寺、金閣寺（夢窓疎石）」など。

大学のまち

歴史や文化の豊かな教育環境に恵まれたまち・京都は、時代に先がけて教育に力を注いできた。京都市内には多くの大学や短大があり、全国から多くの学生を集めている。そこで、世界に誇る大学のまち、世界の学生と交流するまちなどを将来像に掲げ、大学・地域社会・産業・行政の連携・協力を進め、魅力ある学生のまちの充実に取り組んでいる。

同志社大学キャンパス

立命館大学国際平和ミュージアム

国際交流

秦氏などの渡来人が移り住み、唐の長安をモデルにし、遣唐使を送るなど、積極的に異文化を受けいれてきた京都は、明治以降も琵琶湖疏水や発電所・市電・織機など、西洋文化や新技術を積極的に導入し、国際都市となった。現在も多くの留学生たちが京都に住み、世界中から観光客が訪れる。

1978年には世界文化自由都市宣言を行い、人種や宗教、社会体制などの違いを越えて、広く自由に文化交流を行う都市であることを宣言し、現在、世界の9つの都市と姉妹提携し、6つの都市とパートナーシティ提携をしている。

国際会議もよく開催され、近年では地球温暖化防止の京都議定書でよく知られる。

京都国際会議場

映画のまち

日本の映画は、京都の太秦で始まったとされる。戦後、松竹、大映、東映などの映画会社が太秦に撮影所を開き、たくさんの感動の名作が誕生した。その後、東映京都撮影所には、東映太秦映画村というテーマパークがオープンしている。

ハイテク産業

京都にはノーベル化学賞受賞者田中耕一さんを輩出した島津製作所をはじめ、京セラ、任天堂、オムロン、ローム、村田製作所、堀場製作所、日本電産など、誰もが知っているハイテク企業がたくさんある。

京都は明治以降、高い技術力に支えられた高品質の製品を追求してきた。また、京都大学をはじめ多数の大学があり、新しい技術を育てるにはよい環境にあり、ベンチャー企業が次々と生みだされてきた。京都の最先端技術を知るには、次のような展示資料館がある。

□島津製作所創業記念資料館
□京セラファインセラミック館
□コミュニケーションプラザ　（オムロン）

島津創業記念資料館

●総合博物館「嵯峨嵐山文華館」

藤原定家が百人一首を編纂した小倉山の麓は、古来、貴族や文化人に愛されてきた。嵯峨嵐山文華館は、嵯峨嵐山にゆかりの芸術や文化に出会える総合博物館。

常設展は、嵯峨嵐山で生まれた小倉百人一首が、その歴史や魅力を「見て」「感じて」「学ぶ」ことができるよう展示されている。

企画展は年4回開催される。2階の120畳の大広間は、景勝地嵐山の四季の自然を背景に、日本の美を身近に感じて楽しめるよう、畳ギャラリーとして日本画の数々が展示される。

1階には四季折々の風情を楽しめるカフェレストラン「嵐山 OMOKAGE テラス」がある。

●京都国際マンガミュージアム

京都市と京都精華大学が共同で運営する、日本初のマンガ専門博物館。明治から戦後にかけての貴重な資料や現在の人気作品、海外の作品まで世界最大規模の作品数を収蔵している。そのうち約5万冊は自由に閲覧できる。また、マンガに関する展示やワークショップ、パソコンでのマンガ体験や昔なつかしい紙芝居などによって、マンガ文化にふれることができる。小学校校舎を再利用した建物で、校庭には人工芝生が敷かれ、寝ころんでマンガを読むこともできる。

京のお楽しみ

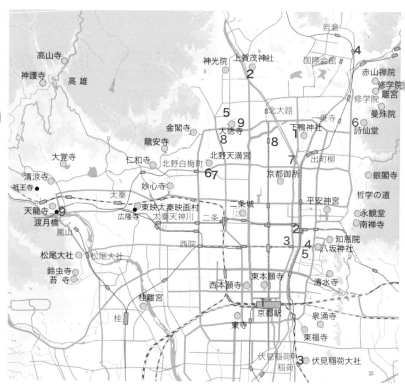

●お寺や神社の門前の名物

1.下鴨神社の門前菓子・みたらし団子

みたらし団子は下鴨神社の神饌菓子が起源。葵祭の斉王代が禊をする御手洗の池の水の泡を模して作られたそうだ。

2.上賀茂神社の門前菓子・やきもち

餡を包んだ餅を焼いたお菓子。葵祭にちなみ「葵餅」と呼ばれている。神馬堂のやきもちが有名。

3.伏見稲荷の門前菓子・狐煎餅

お稲荷さんの使いとして親しまれてきた狐のお面の形をした煎餅。白胡麻と味噌のかおりが香ばしい。

4.三宅八幡神社の門前菓子・鳩餅

三宅八幡宮の使いである鳩をかたどったお菓子。もち米の粉でつくられており、ウイロウのような食感。

5.今宮神社の門前菓子・あぶり餅

ちぎった餅を竹串に刺し、炭火であぶったものを白味噌のタレでいただく。今宮神社の参道では2軒の茶屋があぶり餅を焼いている。一和は長保2年（1000）の創業という。

6.北野天満宮の門前菓子・粟餅

江戸時代から続くお菓子。こし餡ときな粉の2種類あって、注文するとつくりはじめる。お餅と粟のプツプツした触感が特徴の上品な味。

7.北野天満宮の門前菓子・長五郎餅

河内屋長五郎が「北野大茶湯」で献上した菓子を豊臣秀吉が気にいり、名づけ親になったとのいわれがある。羽二重餅でこし餡をくるんだ由緒あるお菓子。

8.御霊神社の門前菓子・唐板

平安時代、神泉苑の御霊会で疫病よけの煎餅として配ったのが起源。応仁の乱の後、水田玉雲堂が復興への願いをこめて「唐板煎餅」として復元したもの。

9.大徳寺の門前名物・大徳寺納豆

しょっぱくて渋い、独特の香。禅味とも表現される深い味わいの大徳寺納豆。専門店、大徳寺一久が有名。

●京で流行りのスイーツ

1.中村藤吉京都駅店（ジェイアール京都伊勢丹3F）

「生茶ゼリイ」のパフェなどが人気を集める中村藤吉のお店は、1869年茶業を創業。JR宇治駅前の本店、宇治川畔の平等院店に加えて京都駅店がある。

2.本家月餅家直正（中京区木屋町三条上ル）

人気の絶品「わらび餅」。一口サイズの「月餅」「やき栗」「十三里」は、煎茶用。懐かしさを感じる素朴な味わい。

3.ロンドンヤ（中京区新京極通四条上ル）

店頭で焼いている「ロンドン焼」は、白餡の一口サイズのカステラ。焼きたてをそのままほおばるのもおいしい。

4.都路里 祇園本店（東山区祇園町南側）

京のお茶の老舗・辻利のお店。良質の宇治抹茶を贅沢に使ったオリジナルデザートがいろいろ。季節感あふれる限定メニューも人気。いつも長〜い行列ができている。（ただし、高台寺店、京都伊勢丹店にはほとんど行列はなし）

5.祇園きなな本店（東山区祇園町南側）

きななとは、丹波黒大豆きなこなど天然素材のアイスで、修学旅行生にも人気。真の味は色や香りが淡くほのかとするスローフードのお店。祇園町の裏通りで場所が分かりにくいので注意。

6.一乗寺中谷（左京区一乗寺花ノ木町）

「絹ごし緑茶てぃらみす」は、でっちようかんのお店がつくった豆乳と抹茶を使ったカロリー控えめの和風スイーツ。

7.出町ふたば（上京区河原町今出川上る青龍町）行列が絶えないお店。一番人気は一口食べると虜になるおいしさの豆餅。

8.タンタシオン・ダンジュ（北区紫野十二坊町 十零ハビル1F）

低温直火でじっくりと焼き上げているためベイクドなのにレアのような食感で、濃厚な味わいを楽しめるベークドチーズケーキが修学旅行生に大人気。

9. eX cafe（イクスカフェ）嵐山本店（右京区嵯峨天龍寺）

旧邸宅を改装したゆったりくつろげる空間の甘味処。七輪で自分で焼く「ほくほくお団子セット」、竹炭を練り込んだ名物ロールケーキ「京黒ロールくろまる」などが人気。

みやげさがし

京のお楽しみ

おみやげは、その場所でしか買えないもの（神社仏閣のお守りやミュージアムグッズなど）の他は、荷物になるので最後にまとめて買うほうがいい。

京菓子や京漬物、宇治茶などは、百貨店の食品売り場（四条河原町の高島屋、四条烏丸の大丸、京都駅のジェイアール京都伊勢丹など）に、老舗の名品がそろっている。

お香や扇子、清水焼などの工芸品は、三条高倉の京都文化博物館（ろうじ店舗）、京都駅の駅前地下街ポルタや近鉄名店街みやこみち、岡崎のハンディクラフトセンターや京都伝統産業ミュージアム、京都伝統工芸館などの展示即売コーナーで探すこともできる。

清水寺の参道や四条河原町界隈にも土産物店はたくさんある。露店などには京土産として中国や東南アジアで作られたものを売る店もあるそうだ。

値段が安すぎたり、呼びこみをしている店にはなるべく近づかないように！

お菓子

- **八ツ橋**—京都を代表する江戸時代からの堅焼煎餅。井筒八ツ橋、おたべ、聖護院八ツ橋などが有名。生八ツ橋が人気。
- **お干菓子**—季節感あふれる茶道のための小さな京菓子。一種類ずつ選ぶのも楽しい。詰め合わせもいい。
- **清浄歓喜団**—遣唐使によって伝えられた油で揚げた唐菓子。昔は神仏へのお供えに使われた。亀屋清永が有名。
- **五色豆**—大豆のまわりを色とりどりの砂糖でくるんだ伝統の味。豆政、船はしや総本店が五色豆の老舗。
- **蕎麦ぼうろ**—そばで作ったあっさり味のクッキー。河道屋が有名。
- **阿闍梨餅**—満月の2代目店主が考案した餡をくるんだどらやきに似た半生菓子。比叡山の修行僧の笠の形をしている。
- **でっちようかん**—昔ながらの製法で、甘みを控えた素朴な味の蒸し羊羹。
- **金平糖**—もともとは皇室への献上菓子だった。手間をかけて作られる緑寿庵清水の金平糖が有名。
- **抹茶スイーツ**—干菓子、煎餅、クッキー、プリン、ゼリー、わらびもち、生ショコラなど老舗のお菓子から新しいスイーツまで。

お守り・寺宝グッズ

- **球技闘魂お守り（白峯神宮）**—サッカー神社ともいわれる白峯神宮のお守り。プロのサッカー選手にも人気がある。
- **降魔必勝の小太刀（鞍馬寺）**—受験や試合など、チャレンジするときのお守り。
- **合格お守り（天龍寺）**—9年間坐り続けて悟った達磨さんにあやかるお守り。
- **みずかがみ御守（晴明神社）**—ペンダント型のお守り。「魔除けステッカー」や「清め砂」など陰陽師パワーがいっぱい。
- **開運桜（平野神社）**—桜の塩漬けを湯に浮かべて風流をいただく。咳止めや解毒作用などの薬効もあるらしい。

- **瓢鮎図グッズ（妙心寺退蔵院）**—禅の問答をモチーフにした瓢鮎図のナマズをあしらったお菓子、色紙、Tシャツ。
- **風神雷神グッズ（建仁寺）**—国宝の風神雷神図を入れた、扇子やハンカチなど。
- **鳥獣人物戯画グッズ（高山寺）**—寺宝の鳥獣人物戯画をデザインした暖簾、扇、手ぬぐい、ふきんなど。
- **曼陀羅グッズ（東寺）**—曼陀羅をプリントした下敷きやファイルが人気。梵字ネックレスや東寺あぶらとり紙など。
- **菩薩像トランプ（平等院鳳凰堂）**—平等院鳳凰堂に安置してある52体の雲中供養菩薩像のトランプ。

漬物・茶・豆腐・麩・調味料

- **雲母漬け**—小茄子の白味噌漬け。比叡山へ行き来する僧侶達のお茶うけだった。
- **千枚漬**—聖護院カブラを薄く切って昆布と一緒に甘酢で漬けた京漬物。
- **ちりめん山椒**—ご飯にかけてもお茶漬けにしてもおいしい。
- **しば漬け**—キュウリ、ナス、ミョウガなどをシソの葉で漬けてある。ほのかな酸っぱさが食欲をそそる。
- **胡麻豆腐**—練り胡麻を葛で固めたもの。ねっとりとした食感と香ばしさが京都らしい健康食品。
- **京湯葉**—大豆の旨味と栄養を凝縮した乾燥湯葉は、お吸い物などの具に便利。
- **宇治茶**—宇治の豊かな自然に育まれたお茶。抹茶、ほうじ茶、京番茶など。
- **柚味噌**—トーストに塗っても美味。老舗八百三の柚味噌が有名。

京雑貨

- **お香**—京都らしいお土産として喜ばれる。松栄堂、鳩居堂はお香の老舗。
- **匂い袋**—十数種類の香原料を、西陣織のきんらんやちりめん生地に詰めたもので、タンスに入れれば衣服の虫よけにもなる可愛い京土産。手作り匂い袋セットも人気。
- **あぶらとり紙**—舞妓さんも愛用している、よーじやのあぶらとり紙は定番商品。

京都国際マンガ
ミュージアム

御池通の少し北に、
「京都国際マンガ
ミュージアム」が
見えるよ。

話題のニュースポット、三条通と錦小路通

三条大橋は「東海道五十三次」の終着点。そこから西へ進むと、明治時代には京都のメインストリートとして栄え、数多くのレトロな近代建築が残されている三条通。楽しいお店が増えている。そして、「京都の台所」といわれる錦市場にも話題のお店がいっぱい。

御池通

明治に建て
られたレンガ造り
の京都文化博物館。
ろうじ店舗では食事
や買い物ができ
る。

東洞院通

姉小路通

この郵便局
も明治時代の
近代建築

京都
伝統工芸館

烏丸通

京都文化博物館

中京
郵便局

三条通

モダンなファッ
ションビル。

京都別邸
メールルア

SACRA
ビル

ポールスミス
三条店

カフェ、レストラン
ギャラリー、劇場の
ある1928ビル。
若者文化の発信地。

1928ビル
旧毎日新聞
京都支局

YMCA

ゆったりした空間で
くつろぎのひとときが
すごせるイノダコーヒ。

いけばな資料館

六角堂

イノダコーヒ
本店

外国に来たような
雰囲気。おしゃれな
カフェが並ぶ。

御幸町通

六角通

京都のへそ石と一言願い
地蔵などで知られる。

六角通

高倉通

堺町通

柳馬場通

富小路通

麩屋町通

蛸薬師通

麩嘉（ふうか）
江戸時代創業の生麩のお店の「麩ま
んじゅう」。生麩に青海苔をねり込み、
こし餡をつつんだものを笹でくる
んで仕上げたお菓子。

黒豆茶庵
丹波の豆の老舗「北尾」の2F。
黒豆づくしの料理「黒豆御膳」は、厳
選された素材で値段もリーズナブル。
わらび餅やみたらし団子は、自分で
挽いたきな粉でいただく。

こんなもんじゃ
京豆腐の老舗がつくる極上の豆乳
を贅沢につかったソフトクリー
ムとドーナツが大人気。

錦市場（錦小路通）

冨美家（ふみや）
冨美家の想いが込められ、
材料と手間を惜しまないで作
りつづけられてきた名物鍋
焼きうどん。

かりかり博士
外はカリカリ、中はトロトロの
タコ焼に京ネギをトッピング。
味も値段も修学旅行生に
大人気。

錦天満宮

ご利益スポット

京のお楽しみ

京都にはご利益や霊験があらたかとされる場所が多く、遠くから訪れる人も多い。縁起や故事にあやかるものも多いので、そのいわれを調べてみると、思いがけない発見があるかも？

どんないわれがあるのかちょっと気になるよネ

A 合格祈願、学業・技芸成就

1. 北野天満宮
学問の神様・菅原道真を祀り、受験生の信仰を集める。「なで牛」の頭をなでると、頭がよくなるといわれる。

2. 法輪寺
本尊の虚空蔵菩薩は、『今昔物語』『枕草子』『平家物語』にも出てくる。けがれを払い、知恵を授けてくれる。

3. 錦天満宮
学問の神様・菅原道真を祀る。境内の牛の頭をなでると知恵が授かるといわれる。

4. 白峯神宮
蹴鞠の宗家があったところで、蹴鞠の神様が祀られている。
とくにサッカー上達の神様として有名。

5. 金戒光明寺／黒谷さん
文殊塔に祀られる運慶作の文殊菩薩は日本三大文殊菩薩のひとつ。受験シーズンは合格を祈願する学生でにぎわう。

6. 壬生寺
この寺の「一夜天神堂」は、一夜にして知恵を授かるといわれる。

B 諸願成就・一願成就

1. 一言寺／金剛王院
千手観音菩薩像は、一言だけ祈願すればすぐに叶うとして人気がある。

2. 頂法寺／六角堂
ひとつだけ願いがかなう「一言願い地蔵」や「縁結びの柳」がある。生け花発祥の地で、華道上達のご利益もあるとされる。

3. 清水寺
「音羽の滝」の清水は古来から霊水といわれ、長寿、恋愛、勉学にご利益があるとされる。

4. 野宮神社
縁結び、進学の神様として知られ、境内の「お亀石」をなでると願いが叶うという。

C 金運・出世・商売繁盛

1. 伏見稲荷大社
商売繁盛・五穀豊穣の神様を祀る、稲荷神社の総本宮。

2. 宗旦稲荷
相国寺境内のお稲荷さんで、千利休の孫の千宗旦に化けた狐の伝説がある。

3. 京都ゑびす神社
日本三大ゑびすの一つで、ご利益は家運隆昌、商売繁盛。

4. 繁昌神社
豊臣秀吉の時代から、ここは「繁昌町」と呼ばれ、商売繁盛、良縁成就のご利益があるとされる。

D 縁結び・恋愛成就

1. 地主神社
日本最古の縁結びの神様。本殿前に「恋占いの石」が10mほど隔てて2つあり、石から石まで目を閉じて歩き、うまくたどりつけば恋が成就するといわれる。良縁・縁結びを願う男女や修学旅行生でにぎわう。

2. 鈴虫寺／華厳寺
一年中鈴虫の鳴き声が聞こえるので鈴虫寺と呼ばれ、開運祈願・縁結びの寺として有名。女性に人気の幸福地蔵がある。

3. 安井金毘羅宮
「縁切り・縁結び碑」がある。願い事を書いて碑の表から裏へ通ると悪縁を切り、裏から表へ通ると良縁に恵まれる。

2 みんなで、テーマを決めよう

事前学習で関心をもったことを書き出そう

事前学習しながら、あるいは、その後に、自主研修のテーマを決めるため関心をもったことを書き出そう。（34頁のワークシートに記入しよう）

また、このとき次のことに注意しよう。

1 地域の個性・特性に注目

・自主研修のテーマは、来訪する地域にふさわしいテーマとするよう、その個性や特性に注目しよう。
・地域の個性や特性は、自然、歴史、産業、社会、文化など各分野にあるので、右表の京都の地域個性を参考にしながら、自分が関心のある分野に注目しよう。

2 京都は政治・文化の中心としての歴史が長かったので、とくに歴史に注目

・中学歴史教科書には、国の歴史に関わる出来事や人物、文化で、京都と関連する事物が多い。（右頁の表を参照）その中から自分が関心をもったことを書き出そう。
・また、このワークブックの6〜16頁には、「京都の歴史を訪ねる」として、京都の各時代の歴史年表と関連する名所・旧跡を紹介している。もう一度読んでみよう。
・さらに、テーマづくりのヒントとして、「平安京の都づくり」、「金閣寺と銀閣寺」、「秀吉の京都大改造」、「東京遷都・衰退への挑戦」、「石と砂利の枯山水の庭のわけ」、「知るほどに面白い京町家」、「あこがれの舞妓さんのこと」を取り上げている。これらも参考にしよう。

3 伝統文化、伝統工芸等の体験学習にも注目

・京都には、建築、庭園、美術、工芸、文学、芸能、芸道、武道、宗教などについて、各時代ごとの個性や特性がある。
・たくさんの国宝や重要文化財などがあって、実際に見て体感できるものが多い。また、比較的狭い地域に公設・私設のたくさんの博物館、資料館、美術館があるので、活用しやすい。（42〜45頁の表参照）
・たくさんの修学旅行生が訪れるので、体験学習の機会が豊富に提供されていることにも注目しよう。（25頁参照）
・また平安時代以降に創業した老舗がたくさんあって（46頁の表参照）、今でもお店を続けている。だから、歴史を思いながら、見て、触れて、味わって、体験できる。

● 京都の地域個性をテーマにする場合のヒント
（4〜5頁参照）

	・地域個性（たとえば、こんなテーマ）
歴史	・約千年、政治・文化の中心地だった ・天皇と貴族が居住しつづけた ・権力者が遺した多くの史跡、文化財 ・歴史的大事件の舞台の名残り （参照／ 40〜41頁の時代別のテーマ）
自然風土・生活・伝統産業・伝統文化	・三方を囲まれた山から、川が流れる盆地 ・山紫水明の都 ・豊富な地下水 ・蒸し暑い夏、底冷えの冬 ・生活習慣 ・町家・町並み ・自然風土に根ざした生活文化 ・京料理や茶の湯の文化 ・伝統工芸の巧みな技術の保存・継承 ・伝統芸能の保存・継承 ・洗練された高い美意識 ・洗練されたもてなしの文化 ・京ことば （自然風土と共生する町家の工夫） （錦市場はどのように繁盛してきたか？） （年中行事と和菓子の結びつきを探る） （名水と暮らしの結びつき） （豊富な地下水と豆腐、湯葉、麩、味噌、京野菜、京料理、名水と酒造の結びつきなど） （名水と銘茶・茶の湯のつながりを探る） （老舗とお得意さんの関係は？）
新しい産業	・伝統産業の高い芸術性や、緻密で高度な技術を生かした「京都ブランド」 ・時代の動向を読む目利きの力 ・ハイテク企業の成長 （老舗を巡って「京都ブランド」の知恵を探る） （琵琶湖疏水と水力発電事業の歴史を探る） （映画産業の足跡をたどる） （ハイテク企業の資料館で成長の秘訣を考える）
新しい文化	・大学の町、学問の町づくり ・京都と多くのノーベル賞受賞者の関わり ・国際交流都市、国際文化観光都市 （大学のキャンパス・ミュージアム巡り—44・45頁参照） （外国人好みの観光スポットの魅力は何だろう？） （文化庁の京都移転を考える）

中学歴史教科書で扱う京都に関連する事項

	主な出来事	人　物	文　化
平安以前	平城京から長岡京へ遷都 藤原種継暗殺 長岡京から平安京へ遷都	桓武天皇 秦氏	四神相応、陰陽五行
平安時代	桓武天皇の律令政治の再建と蝦夷（東北地方）の支配 遣唐使の廃止 藤原氏の摂関政治 上皇の院政と荘園の拡大 武士の勢力の増大 桓武天皇の子孫・平氏と清和天皇の子孫・源氏の争い 延暦寺や興福寺の僧兵の増大 平氏が政権を握り日宋貿易拡大 源氏が平氏打倒の兵をあげる 源義経、平氏を滅ぼす	陰陽師（小野篁・安倍晴明） 坂上田村麻呂 空海、最澄 菅原道真 藤原道長・頼道 紫式部、清少納言 紀貫之 白河上皇 平清盛、源義朝 後白河上皇 牛若丸（源義経） 空也上人（六波羅蜜寺）	悪霊を退散させる祭り 真言宗（東寺） 天台宗（延暦寺） 日本人の生活に合った国風文化が興った 文学の発展（源氏物語・枕草子、古今和歌集・土佐日記） 平安貴族の衣食住と暮らし 伝統工芸の発達 寝殿造と池泉回遊式庭園 大和絵、絵巻物（高山寺の鳥獣戯画） 浄土教と浄土教美術 （阿弥陀堂建築・阿弥陀如来像、末法思想と浄土の世界、平等院の鳳凰堂）
鎌倉・室町時代	後鳥羽上皇の承久の乱 六波羅探題の設置 建武の新政と南北朝時代 足利尊氏、室町幕府を開く 足利義満、室町に「花の御所」を造り、日明貿易を開始 商人・手工業者が座を作り発達 京都は町衆が寄合で自治を行う 交通が発達し、貨幣の流通が増加 関所が設置され通行税が課された 応仁の乱（細川氏・山名氏が対立） 戦国大名と下克上	源頼朝 後鳥羽上皇と執権北条義時 藤原定家 法然、親鸞 一遍、日蓮 栄西（臨済宗） 道元（曹洞宗） 鴨長明、吉田兼好 後醍醐天皇 足利尊氏 足利義満と足利義政 雪舟 夢窓疎石 観阿弥、世阿弥	平家物語（軍記物） 新古今和歌集 鎌倉仏教（浄土宗、浄土真宗、時宗、日蓮宗、禅宗） 禅の文化（坐禅、お茶、水墨画等） 書院造の建築と枯山水の庭園 北山文化と東山文化 金閣寺（義満）と銀閣寺（義政） 田楽、猿楽、能楽、狂言などが盛んになった 和歌に変わり、連歌が流行 庭づくり・芸能に優れた河原者が活躍 機織師、鍛冶師など出現 西陣織、染色、刀づくり 町衆による祇園祭が行われた 畳の部屋、木綿の衣服、味噌、醤油など和風の衣食住が普及
安土桃山時代	織田信長の入京 本能寺の変 山崎の合戦 秀吉の京都大改造 秀吉の大仏造りと刀狩 朝鮮侵略と耳塚	織田信長 豊臣秀吉 千利休 狩野永徳、山楽（障壁画） 長谷川等伯（水墨画） 出雲阿国（歌舞伎）	絢爛豪華な桃山文化 平安京の大内裏跡の聚楽第 華やかな襖絵、屏風絵 裕福な町衆の文化 歌舞伎踊り 茶道の大成と「わび、さび」の文化 茶室、茶庭、陶器づくりが盛んになった
江戸時代	徳川家康の全国支配 徳川家康が二条城を築城（京都御所の守護と将軍上洛のときの宿泊所とした） 都市が発達し、江戸、京都、大坂が三都とされた（京都は文化の中心地） 商人、手工業者の組合が、株仲間を作り利益を上げた 京都は西陣織、友禅染等で栄えた	徳川家康 俵屋宗達（装飾画） 本阿弥光悦（蒔絵等） 尾形光琳（装飾画、蒔絵等） 松尾芭蕉（俳諧） 伊藤若沖 池大雅 円山応挙	京都に町人の元禄文化が開花 観光旅行者が増え、寺社の祭礼、縁日がにぎわった （祇園など花街の舞妓・芸妓が活躍し、もてなしの文化が盛んになり、都名所図会が当時のベストセラーになった） 桂離宮、修学院離宮など簡素な建築
幕末	禁門の変（蛤御門の変） 徳川慶喜の大政奉還	坂本龍馬 徳川慶喜 岩倉具視、三条実美	

（注）黒字：中学社会の日本史の教科書より　青字：中学の日本史参考書より補足

ワークシート 1　事前学習で関心をもったこと

ワークシート 2　班のテーマ

次頁の「メンバーの関心を、班のテーマにまとめよう」のステップをふんで、メンバーの多様(たよう)な関心を、班の全員でとりくむテーマにまとめよう。下の欄に、班のテーマ（C）に加えて、そこに含まれる小さなテーマ（A や B）も記入しておこう。

※ A、B、C は、右頁・右下の図、❺の「班のテーマを決める」を参照。

2 メンバーの関心を、班のテーマにまとめよう

ここで、みんなの意見を出し合って班の自主研修のテーマを決めるやり方を二つ（以下の❶と❷）示す。

どちらかを選んでやってみよう。自分たちの班にぴったりのテーマができるようにね。

❶ 一人ずつ関心があることを話し、メンバーの関心が最も高まるテーマをつくる

❶ワークシート１の「事前学習で関心をもったこと」を見ながら、一人ずつ順番に、「もっとも関心をもったこと」「どんなことをもっと知りたいか」また「それはどうしてか」などを話そう。

❷このとき、次のルールを守ろう。

一人ずつ、関心を話しているとき、質問するのはいいが、話しの批判はしないこと。

❸一人が話し終えると、その人の関心に共感する人たちを確認しよう。

❹一通りみんなが話したら、一番共感を集めたことは何だったかを確認しながら、メンバーの関心が最も高まるテーマを決定しよう。

❷ メンバーの関心を図にまとめ、テーマをつくる（右の図を参考にしよう）

メンバーの関心を図にして、全体が目に見えるようにすることで、皆の関心を分かり合うのに役に立つ。

❶ワークシート１の「事前学習で関心をもったこと」をコピーして、１シートずつ切り離す。

❷一人１シートずつ、書いたことを読み上げよう。

❸読み上げたら、大きな模造紙に置く。
・似たもの、関係がありそうなものは近づけて置き、グループを作っていく。
・関係がなさそうなものは、離れたところに置く。

❹似たような関心を持っていたら、付け足して置く。

❺１回り読み上げたら、一番大きなグループになっているフセン紙を中央に移動して、その他のグループをその周辺に移動しよう。

❻２～５を繰り返す。

❼グループになったシートを太い線で囲む。
・大きなグループの関心をテーマとして表現しよう。

❸ 関心の違いが大きく、テーマがまとまらない場合、班のメンバーの移動・組み替えを考えよう

---

❶この作業に用意するもの
【筆記用具】
　ボールペン、マーカー１～２本（赤、緑など）
【模造紙】１枚の1/2
【のり】

❷模造紙にグループを作りながら貼る

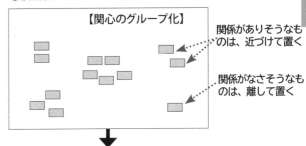

【関心のグループ化】

関係がありそうなものは、近づけて置く

関係がなさそうなものは、離して置く

❸みんなのフセン紙を見直して、付け加える

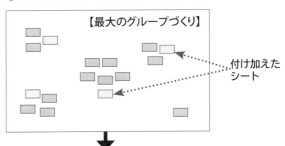

【最大のグループづくり】

付け加えたシート

❹各グループを太い線で囲い、関係するグループを線で結ぶ

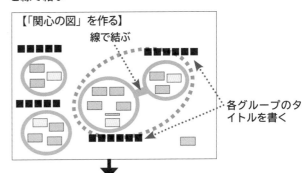

【「関心の図」を作る】

線で結ぶ

各グループのタイトルを書く

❺関心が集まっているグループ（メンバーの最大の関心）を班のテーマとして記入する

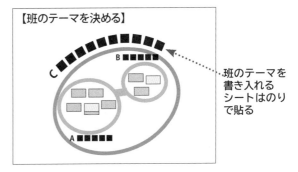

【班のテーマを決める】

班のテーマを書き入れるシートはのりで貼る

STEP 3 来訪・見学候補地のリストを作ろう

3 下調べをしよう

班の自主研修のテーマが決まったら、テーマについてインターネットや図書館を利用して調べ、テーマとかかわりがあって見学したい場所を、来訪・見学候補地としてリストアップしよう。また、そこで何を見て、どんなことを確かめるかなど整理しよう。

1 インターネットで調べよう

まず、インターネットで調べてみよう。京都の情報は、あらゆる分野について、驚くほどたくさんあるよ。

2 図書館で調べよう

次に、出版されている本をインターネットでチェックし、図書館にあるガイドブックや参考図書で調べてみよう。

3 あらかじめ問い合わせよう

インターネットや図書館の本などでは分からないことで、調べておく必要がある場合には、先生にも相談して、来訪・見学する候補地の施設や地元のガイドの方々などに問い合わせよう。

1 インターネットで調べよう

1 京都の公的機関のホームページを見てみよう
（下の欄を参照）

確実な情報が得られる、京都市などの公的なホームページを見てみよう。

このワークブックの事前学習の構成は、京都市の「きょうと修学旅行ナビ」と対応しているから、まずそこで調べよう。

京都の公的機関のホームページ

・きょうと修学旅行ナビ　→【検索】
・フィールドミュージアム京都　→【検索】
・京都観光 Navi　→【検索】
・京まなびネット　→【検索】

2 「フィールドミュージアム京都」で調べよう

「フィールドミュージアム京都」は、京都のまち全体を博物館とするためのサイト。たとえば、「源氏物語の舞台」を探すとしたら、「フィールドミュージアム京都」の「一覧から探す」を開き、「事項一覧」の「源氏物語」を開く。

そこには、次の項目の解説がある。

・宇治市源氏物語ミュージアム
・六条院復元模型（風俗博物館）
・六条院復元模型（宇治市源氏物語ミュージアム）
・源氏物語と桂離宮・修学院離宮
・源氏物語葵巻
・夕顔の墓
etc

各項目の説明を読むと、「源氏物語の舞台」としての来訪・見学候補地が分かる。

3 博物館、資料館、美術館などを探そう

テーマに関連する博物館、資料館、美術館などがあるかをチェックし、あれば見学するようにしたい。学芸員さんなどに質問することができるし、テーマについて、広く、確かな知識・情報が得られる。

42〜45頁の表に、京都の主な博物館、資料館、美術館を紹介している。研修テーマと関係がありそうなものをインターネットで検索して、所在地、開館日時、常設展示物、予約の必要性などを確認しよう。

インターネットで博物館、資料館、美術館を紹介するサイトは、次のものがある。
・「京都おでかけミュージアム」
・「京まなびネット」

4 班のテーマのキーワードで検索しよう

テーマについての情報を掲載する文書を見つけ出すには、インターネットの検索機能を利用しよう。

Google による画面と手順は次のとおりだよ。
（ときどきサイトのデザインが変更されるが、だいたいは同じ）

❶ アドレスに Google の URL を入力する。Google 以外の検索ボックスに「グーグル」と入れても出てくる。

❷ テーマに関しての文書を見つけるために、いくつかのキーワードを用意しよう。テーマと関わりの強いことばをを探して、書き出しておく。

❸ 検索ボックスにまず一つのキーワードを入れ、1字分のスペースを入力し、もう一つのキーワードを入力する。そして、検索する。

このとき、キーワードの一つは、「京都」のように、検索対象の範囲を絞るものにするといい。

たとえば、「京都　室町文化」と入力し、検索する。

❹ 来訪・見学候補地の地図も検索し、印刷しよう。検索ボックスに施設名や地名、住所などを入力して地図検索すると、地図上の位置が分かる。周辺の主な施設やお店の情報も得られる。後で、自主研修のルートを検討するときに役にたつからね。

主な検索エンジン

主なものは、パソコン、スマホともに、グーグル。
次いで、ヤフージャパン。
・Google（グーグル）https://www.google.co.jp/
・Yahoo（ヤフー）　https://www.yahoo.co.jp/

グーグルによる検索のしかた

【キーワードの検索】

1. ここに調べたいことばを入れる。ことばを二つ入れるときは、間に空白を入れる

Google 日本

京都　室町文化

Google 検索　I'm Feeling Lucky

2. Google 検索ボタンをクリックする

2 図書館で調べよう

1 あらかじめインターネットで検索しよう

図書館に行く前に、インターネットでこれまでに出版された参考になりそうな本を検索しよう。

❶ インターネットの大型書店で検索しよう
アマゾンのホームページ（http://www.amazon.co.jp/）で、検索ボックスにキーワードを入れて出版された本を検索する。

❷ グーグルのブック検索をやってみよう
（右下の画面表示の図を参照）
グーグルのブック検索では、本のタイトルだけでなく、本の本文も含めた検索ができる。

2 図書館の本の分類の仕方

図書館の本は日本十進分類法によって分類され、本の背に貼られたラベルに書かれている。本の書棚もこの分類によっている。

たとえば、216 は近畿地方の歴史、290 は日本の地理（各地の観光ガイドブックはここに分類される）、710 は彫刻、910 は日本文学など。

図書館で本を探すには、書棚を見て回るだけでなく、目録カードを利用したり、図書館のコンピュータで検索することもできる。

3 本当に役立つ本を探そう

本には旅行向けのガイドブックや学習・研究・教養向けの本があり、大人向けの本や児童・学生向けの本があるので上手に選ぼう。

自分たちで調べたいテーマについては、そのテーマについて編集した本、いろいろ調査してまとめた本などが役に立つだろうから、的を絞って探すようにしよう。

4 インターネットで調べた方がいいこと

お寺や美術館など、見学対象の施設についての開館・閉館時間、休日・臨時休み、地図などの情報は、ガイドブックに書かれているかもしれないが、ガイドブックは刊行が古くて更新できていない場合もある。

そこで、こうした情報は、インターネットで調べた方がいいが、情報の発信元が信頼できるところかどうか、あるいは、よく情報の更新をしているかは、インターネットでも注意しないとね。

3 下調べ中の問い合わせ

1 あらかじめ問い合わせた方がいい場合

京都には宮内庁や寺院が管理する施設で、あらかじめ入場の申し込みが必要な施設がある。これらは、入場者や入場時期を制限するものなので、入場できるかどうかをあらかじめ問い合わせて、直接確認するのがいちばん確実。

先生にも相談して、早めに確かめておこう。入場申込書をよく読んで、FAX、e-mail、電話などで問い合わせてみよう。

この他にも、来訪・見学先で誰かにインタビューすることを企画した場合など、たとえば、研修テーマに深く関わっている特定の人たち、たとえば文化財保存に取り組んでいる人や郷土史を研究している人たちにインタビューする場合、相手の方の都合があるので、あらかじめ連絡をとって打ち合わせておかないとね。

また、班が独自に研修のための来訪地や見学コースを設定する場合、現地にくわしい人の計画の段階からのガイドがほしいもの。

そこで、次の項ではボランティアガイドの探し方をとりあげる。

〔グーグル・ブック検索をやってみよう〕

1 右上のこのマークをクリックするとブック検索のアプリがでてくる

2 ブック検索のアプリをクリックすると、ブックの本文が検索できるボックスがでてくる

3 表示される検索ボックスにキーワードを入れよう

2 ボランティアガイドを探そう
—地元のガイドさんへの問い合わせ

❶ 地元のボランティアガイド

貴重な体験の機会を無駄にしないよう、できれば専門家やボランティアガイドの詳しい説明を聞きたい。

京都府の観光ボランティアガイドの頁や彷徨京都の頁を開くと、登録団体のリストがある。

・京都府　観光ボランティアガイド　→【検索】
　—京都史跡ガイドボランティア協会
　—京都ＳＫＹ観光ガイド協会
　京都市周辺の市町のボランティアガイドも多い。

・京都散策愛好会　→【検索】
　—京都学生ガイド協会
　—京都史跡ガイドボランティア協会
　—京都市周辺市町のボランティアガイドの会

ボランティアガイドさんにガイドがお願いできると、事前にくわしい打ち合わせができる。

❷ タクシー運転手のガイド

・運転手さんがガイドしてくれる観光タクシーは、かなり多い。たとえば、京都観光タクシー同友会では、京都検定合格者に案内してもらえる。

3 ファックスによる問い合わせについて

ファックスの文面には、次のような項目について、できるだけ簡潔に分かりやすく書こう。
（右の見本参照。e-mail についても同様）

1．宛名
　　団体、組織などへ出す場合は、「○○○御中」、
　　担当者の名前が分からない場合は、「ご担当者様」
　　と書く。

2．自分の学校名，学年、クラス、名前

3．問い合わせの目的

4．質問、確かめたいこと

5．返事の期限と返送先

4 電話による問い合わせについて

電話で問い合わせる場合には、先方の負担にならないよう、聞きたいことをよく整理してから電話するようにしよう。(右の見本を参照)

ファックスの文面の見本（e-mail についても同様）

○○○○○御中
ご担当者様

　はじめまして。
　ぼくは、東京都杉並区の○○中学校○年○組の足立一郎といいます。
　とつぜんファックスを送らせていただきましたが、ぼくたちは５月に修学旅行で京都に行くことになり、○○○○○○○というテーマで事前学習と見学コースづくりをしています。
　ぼくたちの班は、そちらの○○○○という施設の見学を検討しています。
　つきましては、次のことを教えていただくようお願いします。
（質問１）……
（質問２）……

　これらのことが詳しく分かる説明があれば、ご紹介ください。また、何かいただける資料がありましたら、送料はこちらで負担しますので、お送りください。

　お忙しいところすみませんが、○月○日ごろまでにお願いいたします。

　返信・返送は、下記までお願いいたします。
　　○○中学校　○年○組　足立一郎
　　〒○○○○　東京都杉並区○○○○○
　　TEL　　　　03-○○○○-○○○○
　　FAX　　　　03-○○○○-○○○○
　　e-mail　　　○○○@○○○○
（※ e-mail で送信する場合は、「返信は、この送信者宛に返信メールをお送りください」と書き添える）

電話による問い合わせの見本

　もしもし、わたしは（ぼくは）○○中学校○年○組の○○といいますが、修学旅行についてのご担当の方をお願いいたします。

　もしもし、わたしは（ぼくは）○○中学校○年○組の○○といいますが、わたしたちは修学旅行で６月に京都に行くことになり、○○○というテーマで自主研修のコースづくりをしています。
　そこで、そちらの○○○○という施設の見学を検討していますが、分からないことがいくつかあり、教えていただきたいのですが、今、よろしいでしょうか。

ひとつ目は、○○○○について教えていただけますか。
ふたつ目は、○○○○について教えていただけますか。
…………………………………
…………………………………

分かりました。
お忙しいところ、どうもありがとうございました。
それでは、失礼します。

時代別の研修テーマ例	関連する場所を調べて来訪・見学地として検討する
◆ 平安時代と関連するテーマ	
・長岡京に遷都して、なぜまたすぐに平安京に遷都したのだろう？	向日市文化資料館、大極殿跡（向日市）、乙訓寺（長岡京市）、長岡京市埋蔵文化財センター、中山修一記念館（長岡京市）など
・平安京遷都を支援した豪族・秦氏は、どのような氏族だったのだろう？	太秦の蚕の社、広隆寺、大酒神社、蛇塚古墳、葛野大堰、松尾大社など
・平安京造営時の復元図から都の変遷をたどる。	京都市平安京創生館、大極殿跡、神泉苑、千本通と船岡山、平安京大内裏朱雀門址、東寺、平安神宮など
・平安京を守護する寺社とは何か？なぜこんなに多いのだろう？	東寺、大将軍神社、岡崎神社、御霊神社、赤山禅院、大将軍八神社、今宮神社、鞍馬寺、延暦寺、藤森神社など
・陰陽師はどういう役人だったのか？神に祭られた役人はどういう人だったのか。	六道珍皇寺、晴明神社、一条戻橋、千本閻魔堂、大報恩寺、北野天満宮など
・平安京で空海が求められたことを探る。	東寺、神泉苑、神光院（三弘法）、仁和寺、大覚寺、化野念仏寺、神護寺など
・平安時代の国風文化を体験する。	風俗博物館、渉成園（源融の六条河原院跡地）、京都文化博物館（寝殿造復元模型）、宇治市源氏物語ミュージアムなど
・源氏物語と平家物語の舞台を訪ねる。	天龍寺、野宮神社、祇王寺、滝口寺、清凉寺、大覚寺、仁和寺など
・末法思想と浄土の教えとは何か？	龍谷ミュージアム、西本願寺、東本願寺、知恩院、法然院と法垂窟、青蓮院、金戒光明寺、平等院鳳凰堂など
・浄土とは何で、浄土の庭とはどんな庭だろう？	鹿苑寺庭園（金閣寺）、天龍寺庭園、西芳寺庭園、慈照寺庭園（銀閣寺）、渉成園、三千院庭園、宇治平等院庭園など
・平家物語の時代に、出家した女人たちの暮らしを探る。	大原の寂光院、建礼門院の御庵室遺跡、おぼろの清水など、大原一帯
・義経は鞍馬でどのような修行をしたか。	鞍馬寺の本殿金堂、木の根道、義経堂、奥の院（魔王殿）、貴船神社など
◆ 鎌倉・室町時代と関連するテーマ	
・藤原定家ゆかりの地や「百人一首歌碑」を巡る。	嵯峨嵐山文華館、厭離庵、常寂光寺、二尊院と小倉山、慈眼堂、千代の古道、百人一首歌碑めぐりなど
・京都五山で禅の文化と武士の文化のつながりを探る。	東福寺（万寿寺）、建仁寺、南禅寺（座禅体験）、相国寺、天龍寺など
・夢窓疎石ゆかりの寺と庭を巡る。	南禅寺、相国寺、天龍寺、苔寺など
・室町時代の北山文化と東山文化を訪ねる。	鹿苑寺（金閣）、茶道資料館（草庵茶・わび茶）、相国寺承天閣美術館（雪舟の水墨画など）、慈照寺（銀閣）、大文字山と五山送り火の火床、いけばな資料館（書院造と挿花）など
・寝殿造と書院造はどのように違うか？	風俗博物館、京都文化博物館（寝殿造復元模型）、二条城二の丸御殿、銀閣寺（慈照寺）東求堂、宇治市源氏物語ミュージアムなど
・応仁・文明の乱の舞台を訪ねる。	上御霊神社、相国寺とその周辺、足利将軍室町第跡、山名宗全旧跡、織成館など

◆ 安土・桃山時代と関連するテーマ	
・山崎の合戦場を合戦の記録によってたどる。	大山崎町歴史資料館、宝積寺、天王山、山崎の合戦場、勝龍寺城 など
・聚楽第はどのように建造され、取り壊されたのか？	京都市考古資料館（金箔瓦）、聚楽第跡の碑、妙覚寺表門、大徳寺唐門（聚楽第遺構）、松林寺、西本願寺飛雲閣 など
・秀吉の京都大改造を探求する。	三条大橋、寺町通、天正の地割（御幸町通・富小路通 など）、大徳寺唐門（聚楽第遺構）、北野天満宮境内御土居跡、長五郎餅本舗 など
・伏見城下町整備と治水事業を訪ねる。	伏見跡出土遺物展示室（金箔瓦）、武家屋敷跡、十石船での遊覧、伏見城遺構（御香宮表門、西本願寺唐門、豊国神社唐門）など
・豪華絢爛な桃山文化はどのようにして盛んになったか？	伏見城の遺構（上記）、聚楽第の遺構、豊国神社宝物館、養源院（襖絵）、高台寺掌美術館、智積院（国宝・長谷川等伯の障壁画）、北野天満宮、醍醐寺の三宝院庭園 など
・千利休の「わび・さび」の美を探る。	大徳寺塔頭高桐院（利休風茶室）、茶道資料館、樂美術館、北村美術館、大西清右衛門美術館、妙喜庵内の待庵 など
◆ 江戸時代と関連するテーマ	
・京都と徳川家の関わりを探る。	二条城、二条陣屋、東本願寺 など
・江戸時代の「綺麗さび」とは何か？	桂離宮、落柿舎（芭蕉）、修学院離宮、曼殊院、詩仙堂 など
・元禄文化を体験する。	友禅染の体験学習、俵屋宗達（建仁寺、養源院）、狩野探幽（二条城、妙心寺）、本阿弥光悦・尾形光琳・野々村仁清のゆかりの地 など
・本阿弥光悦と鷹峯の芸術村を探求する。	大徳寺、しょうざんリゾート京都、光悦寺、常照寺、源光庵、神光院 など
・高い美意識と一流の技で、手工業、伝統工芸が発展したまちを探る。	西陣くらしの美術館・冨田屋、織成館、貴了庵、その他創業年代別老舗（46頁参照）など
・四季折々の年中行事、芸能などを楽しむ裕福な町衆の文化はどのようなものだったか？	四条河原の納涼床、南座と阿国像、祇園花見小路、ギオンコーナー、角屋もてなしの文化美術館、伝統文化の体験学習 など
・伊藤若冲、池大雅、円山応挙の作品の時代背景を探る。	京都国立博物館、細見美術館、相国寺承天閣美術館、円光寺（円山応挙）など
◆ 幕末と関連するテーマ	
・坂本龍馬とゆかりの場所の関わりを探る。	京都霊山護国神社、龍馬と中岡慎太郎銅像、霊山歴史館、坂本龍馬の墓、坂本龍馬・中岡慎太郎遭難地、土佐藩邸跡、酢屋 など
・新選組とその結集地との関わりを探る。	壬生寺、壬生屯所旧跡八木家、輪違屋、角屋もてなしの文化美術館、西本願寺太鼓楼 など
・鳥羽・伏見の史跡を訪ねる。	御香宮、寺田屋、大黒寺、城南宮、鳥羽離宮跡公園 など
◆ 近代と関連するテーマ	
・東京遷都による衰退への挑戦の歴史をたどる。——京の疏水事業、近代都市化など	山科から蹴上、無鄰菴、琵琶湖疏水記念館、水路閣、哲学の道京都鉄道博物館、京都文化博物館、京都国立博物館、長楽館 など
・小川治兵衛の「四季の自然が楽しめる庭園」は、それ以前の庭とどう違うか？	平安神宮神苑、白河院庭園、円山公園、無鄰菴庭園、仁和寺御所庭園 など

所在地、要予約、休館日、
リニューアル期間、などの詳細な
情報を【検索】して確認しよう。

◆公的な施設・時代全般・近現代に関係

□ 京都市考古資料館
　先土器時代から江戸時代に至る京都の歴史を、考古資料、パネル、模型などで展示。

□ 京都市歴史資料館
　京都の歴史を資料から実感できるように展示し、研究員が歴史相談に応じてくれる。

□ 京都国立博物館
　千年の古都京都を中心にする文化財を展示・保存。京都の社寺の寄託品が多く、国宝・重要文化財がそろっている。

□ 京都府京都文化博物館
　京都の歴史と文化を分かりやすく紹介する施設。歴史や美術工芸の展示室、映像ホールがある。音声ガイド、ボランティアガイド有。別館は明治時代の建築で重要文化財。

□ 京都国立近代美術館
　近・現代美術の展示、研究、普及活動等。

□ 京都市京セラ美術館
　近・現代の日本美術に関するコレクションを展示。

□ 京都伝統産業ミュージアム　**体験**
　「みやこめっせ」に併設。京の歴史と技を伝える伝統工芸品74品目を展示・ガイド。手わざの粋を紹介。

□ 嵯峨嵐山文華館
　古来、貴族や文化人に愛されてきた嵯峨嵐山にゆかりのある芸術文化に出会えるミュージアム。

◆主に平安時代に関係するテーマに

□ 京都市平安京創生館　**体験**
　平安建都1200年記念事業の一環として制作された平安京復元模型は、我が国最大級の歴史都市復元模型で、平安京探索の出発点として最適。

□ 広隆寺霊宝殿
　広隆寺は、603年に建立された京都最古の寺院。聖徳太子建立の日本七大寺の一つで、飛鳥から鎌倉時代の国宝20点、重要文化財48点を所蔵（彫刻国宝第1号の弥勒菩薩を含む）。

□ 清凉寺霊宝館
　奈良・平安・鎌倉時代の仏像が安置されている。（春季、秋季に特別公開）

□ 東寺宝物館
　春と秋に開館。密教芸術の宝庫で、国宝や重要文化財など15,000点以上の宝物が保存・公開され、未調査の古文書が5万点以上あるとされる。

□ 醍醐寺霊宝館（宝聚院）
　872年開山の真言宗醍醐派の総本山。国宝や重要文化財など宝物を多数収蔵。春・秋に一般公開される。

□ 仁和寺霊宝館
　888年、宇多天皇によって創設された仁和寺に、書跡、彫刻、絵画、工芸など国宝や重要文化財など数多くの名宝を保存・展示。春・秋に一般公開される。

□ 北野天満宮宝物殿
　北野天満宮は、全国の天満宮の総本社で、菅原道真を祀っている。国宝北野天神縁起絵巻。豊臣秀吉とも関係し北野大茶湯図をはじめ多数展示。

□ 龍谷ミュージアム
　日本における仏教の広がりや歴史を分かりやすく紹介し、仏教を体感できるユニークなミュージアム。

□ 奥谷組展示資料館
　外からは見えない匠の伝統技法を見ることができる。

□ 風俗博物館
　『源氏物語』の光源氏の大邸宅「六條院春の御殿」の１／４の模型があり、六條院の生活が体感できる。
　また、貴族の生活、行幸の演出、六條院の四季などの解説に加えて、日本の服飾史の資料がある。

□ 宇治市源氏物語ミュージアム
　『源氏物語』を身近に感じるさまざまな展示のある宇治市の博物館。宇治十帖古跡巡りやさわらびの道の散策も併せて楽しめる。

□ 京都陶磁器会館
　古墳時代から陶器がつくられた京都では、平安時代により一層洗練された独特の京焼・清水焼がつくられた。この伝統に磨かれた京焼・清水焼の作品や京陶人形を展示。

□ 山田松香木店　**体験**
　平安時代に、宗教とは切り離され趣味として花開いた日本独自の香りの文化を伝承する。江戸時代の寛政年間に創業。聞香、調香の体験ができる。

□ 安達くみひも館　**体験**
　工芸組紐は奈良時代に唐から学び、京都で優雅典麗な芸術品に仕上げられた。多様な組紐や道具を展示。体験コースあり。

□ 京菓子資料館（ギルドハウス京菓子）
　京菓子司・俵屋吉富に設けられた資料館。日本の菓子文化を解説し、古文書、道具、容器などを展示。

◆主に鎌倉・室町時代に関係するテーマに

□ 井伊美術館（旧・京都戦陣武具資料館）
　歴史研究家にはよく知られた武具等の博物館。鎌倉時代からの各時代の由緒ある甲冑を展示。

□ 高津古文化会館
　時代劇の小道具・古美術品、重要文化財を含む甲冑・刀剣を中心に所蔵・展示。

□ 藤森神社宝物殿
　勝運を願って奉納された南北朝時代から明治維新までの武具・武器が展示されている。馬の博物館併設。

□ 相国寺承天閣美術館
　相国寺は金閣寺や銀閣寺の本山で、末寺全般から寄せられた国宝5点、重要文化財145点、重要美術品40点他多数の文化財を収蔵・展示。伊藤若冲の作品は人気がある。

体験　体験学習や実演見学ができるコーナー等がある。　※本文が青色の施設は、生産・販売等と連携するもの。

□ 壬生寺の文化財展観室
室町時代の壬生狂言の最古の仮面や古衣装、桃山時代の列仙図屏風（長谷川等伯筆・重要文化財）等をはじめ、平安時代や江戸時代の文化財も展示。

□ 西陣織会館　体験
平安京は、秦氏が伝えた養蚕と絹織物の技術で貴族の衣装づくりが発展したが、応仁の乱で焼け野原となった。西陣織は、この高級絹織物を西軍の本陣跡で再興したことに由来する。会館では、西陣織生産工程の見学、舞妓衣装・十二単の着付けや手織り体験ができる。

□ 織成館　体験
人気の高い京町家の展示館。西陣織の製織行程が見学できる他、全国の手織道具も展示。

◆主に安土桃山時代関係するテーマに

□ 樂美術館
桃山時代の陶工・長次郎によって利休の侘茶のために生み出された楽焼の作品、茶道具、古文書などを収蔵・展示。

□ 茶道資料館　体験
美術工芸、建築、庭園、料理、宗教などの多くの分野の総合文化としての茶道文化が学べる資料館。茶道体験コーナーもある。

□ いけばな資料館
華道家元池坊の500年を超える歴史の華道資料を展示。

□ 豊国神社宝物館
太閤・豊臣秀吉の業績・遺徳を伝えるため、ゆかりの品々や当時の町のようすが分かる屏風図や重要文化財も展示。

□ 養源院
三十三間堂の向かいにある。俵屋宗達や狩野山楽の襖絵、小堀遠州の庭園、血天井などで人気がある。

□ 伏見城跡出土遺物展示室
伏見の御香宮社務所にある。伏見城の金箔瓦などを展示。

□ 智積院宝物館・庭園
智積院宝物館には、長谷川等伯とその一派の桃山時代の絢爛豪華な障壁画が公開。また、小堀遠州作の利休好みとされる庭園もある。

□ 野村美術館
茶の精神にもとづく美術品のコレクション。重要文化財、重要美術品を含む茶道具、絵画、書蹟、陶磁、能装束、能面などを収蔵・展示。

□ 高台寺 掌美術館
秀吉の正室、北政所ねねが建立した寺。桃山時代の漆工芸を代表する高台寺時絵など寺宝を公開。

◆主に江戸時代に関係するテーマに

□ 二条城
徳川家康が京都御所の守護と、将軍上洛時の屋敷として造営。二の丸御殿は武家風書院造り、襖絵は狩野派絵師の作、池山回遊式庭園は小堀遠州作。大政奉還の場面が人形で再現されている。

□ 二条陣屋　体験
1670年頃創建された町家で、日本の住宅の頂点とされる。1944年に国宝に指定され、現在は重要文化財指定。参勤交代の大名の宿泊所とされたため、武者溜り、隠れ部屋、釣階段、落し階段など、忍者屋敷のような工夫を見学できる。予約要。

□ 大西清右衛門美術館
千家十職の一つ・伝統の「わび茶」釜を製作し、16代にわたって選ばれてきた釜をはじめ、古文書、下絵、木型など約1000点の所蔵品を展示・公開。

□ 南座
慶長8年の春、出雲阿国が京・四条河原で阿国かぶきを創始したことが歌舞伎の起源。その歌舞伎発祥の地で今日まで歌舞伎を上演する日本最古の歴史・伝統のある劇場。

□ 角屋もてなしの文化美術館
角屋は、江戸期の饗宴・もてなしの文化の場だった揚屋建築の遺構を唯一維持しつづけ、1952年に国の重要文化財に指定され、建物と所蔵美術品を展示公開している。

□ 黒田装束店
江戸時代の初期から、装束に携わってきた老舗で、祭事をささえる装束司の話を聞くことや、平安装束等の着付体験ができる。

□ 西陣くらしの美術館・冨田屋
生活の場として、商いの場として生きている町家から出る"気"を感じることができ、西陣に脈々と伝わる心身共に美しく生きる知恵を残すために開かれた暮らしの美術館。

□ 頼山陽書斎 山紫水明処（要予約）
1828年、頼山陽が鴨川と東山を借景する庭に建てた書斎。

□ 京都生活工芸館・無名舎
京呉服問屋街・室町にある京商屋の典型の表屋造り。生活工芸品を合わせて京商人の生活文化が分かる。

□ 博物館さがの人形の家
古都京都を代表する美しくみやびな御所人形、緻密に描かれた衣裳が重厚な嵯峨人形等の工芸美が楽しめる。江戸期を中心に、伏見人形・賀茂人形・からくり人形、全国の郷土人形等20万点余収蔵。

□ 三十石船月見館
宇治川沿いの温泉旅館に設けられた資料室。復元した江戸初期の三十石船や、その関係資料を展示。

□ 月桂冠大倉記念館
笠置屋（月桂冠）は1637年創業。明治元年の鳥羽伏見の戦いでの火災を奇跡的に免れた月桂冠の酒蔵の街並みは新京都百景に指定され、日本酒づくりの資料館が設けられている。

◆主に幕末に関係するテーマに

□ 清水三年坂美術館
　清水三年坂美術館は、幕末、明治の金工、七宝、蒔絵、薩摩焼を常設展示する日本初の美術館。

□ 霊山歴史館
　日本唯一の明治維新の総合資料館。資料5,000点を収蔵し、明治維新で活躍した人物の生の資料を展示。

□ 岩倉具視幽棲旧宅・対岳文庫
　幕末明治の政治家岩倉具視が、1862年から5年間幽棲した邸宅。維新の密議をしたとされる。邸内の対岳文庫に、維新史料文書、具視の遺品など重要文化財を公開。

◆主に明治時代以降に関係するテーマに

□ 琵琶湖疏水記念館
　琵琶湖疏水の歴史や役割が学べるようあらゆることを展示する疏水事業の記念館。

□ 島津製作所創業記念資料館
　1875年創業の本店を利用し、国産最古の顕微鏡や理化学器械を約600点展示。

□ 京都鉄道博物館 体験
　蒸気機関車から新幹線まで、日本の近代化を牽引した車両を収蔵・展示し、運転シミュレータや路線点検、軌道自転車体験など、見る・さわる・体験することができる国内最大規模の鉄道博物館。

□ 学校歴史博物館
　日本の小学校の歴史が学べる。

□ 白沙村荘橋本関雪記念館
　日本画家橋本関雪の作品やコレクションを公開。

□ 河井寛次郎記念館
　「暮らしが仕事、仕事が暮らし」とした陶芸家河井寛次郎の作品、住居、仕事場、窯を一般公開。

□ アサヒグループ大山崎山荘美術館
　本館では民藝運動の河井寛次郎、バーナード・リーチの作品を中心に古陶磁、家具、染色作品など、地中館ではモネの「睡蓮」の連作を展示。

□ 京セラ美術館・京セラファインセラミック館
　京セラの文化事業として一般公開。美術館ではピカソの銅版画や日本画など展示。セラミック館では先端技術を支える素材を知ることができる。

□ 京都府立堂本印象美術館
　1966年に日本画家の堂本印象が設立。印象の作品の日本画、洋画、工芸など2,000点を収蔵。

□ 北村美術館
　宮廷茶道文化の由緒のある場所に、重要文化財14点を含む多くの歴史的に価値の高い美術作品を展示。

□ 井村美術館
　収集した江戸時代から現代までの古陶磁器を公開。

□ 東映太秦映画村・映画文化館
　東映太秦映画村のシンボル的施設。日本の映画の変遷、映画づくりのすべてを分かりやすく展示した博物館。

□ 大河内山荘
　時代劇俳優の大河内伝次郎が創作した京都屈指の名園に、日本映画の歴史を解説する資料館がある。

□ 京都市嵯峨鳥居本町並み保存館
　伝統的建造物保存地区の嵯峨鳥居本に、明治初期の町家を復元的に整備した保存館。

□ 京都市景観・まちづくりセンター
　より良いまちづくりをすすめるための拠点のための京のまち資料館。

□ 財団法人祇園祭山鉾連合会資料室
　祇園祭にゆかりの様々な図書などを集めた「資料室」を開設。図録や歴史書、新聞記事など約1,000点を所蔵・公開。

◆その他、生き物関係のテーマに

□ 京都市動物園
　学ぶ・ふれ合う・感じる動物園。繁殖に力を入れ、ローランドゴリラの3世代飼育をはじめ、日本初の繁殖成功が多いこと（種の保存）で知られる。

□ 京都水族館 体験
　山紫水明の都として独特の川の文化があることや、源流から海にいたる多くのいのちが共生する生態系を再現する体験型の水族館。

□ 京都府立植物園
　日本を代表する植物園。約12,000種の植物が育成され、観覧温室では、熱帯・亜熱帯植物が観賞できる。

□ 嵐山モンキーパークいわたやま 体験
　嵐山中腹にあり、海外でも高い評価を受ける。約100頭以上の野生のニホンザルが自然の状態でおり、約100種類の野鳥や鹿などいろいろな動物にも出会えるかもしれない。職員の説明有。エサやり体験可。

◆その他、大学関係のテーマに

□ 龍谷ミュージアム
　日本における仏教の広がりや歴史を分かりやすく紹介し、仏教を体感できるユニークなミュージアム。華麗な壁画で飾られたベゼクリク石窟寺院大回廊を復元展示。

□ 大谷大学博物館
　1665年の創立以来収集した仏教・真宗学、哲学・思想・文学などの分野における重要文化財8点を含む約20,000点を収蔵。

□ 佛教大学・宗教文化ミュージアム
　　宗教的伝統行事・祭具・芸能など有形・無形文化財の
　調査・資料収集、及び、保存・公開。
□ 花園大学・歴史博物館
　　学内の貴重な所蔵物を、広く市民や来訪者に公開。
□ 立命館大学・国際平和ミュージアム
　　戦争と平和の問題をテーマとする博物館。
□ 同志社大学歴史資料館
　　本館は京田辺キャンパスにある。国内外での学術的な調
　査研究活動によって収集された多くの歴史資料を展示。
□ 京都大学・総合博物館
　　大学の核学部や研究室で個別に保管されていた一次資
　料を集中的に保管・管理し、広く学内外の教育・研究
　に活用できるよう公開。資料数約 260 万点。
□ 京都工芸繊維大学・美術工芸資料館
　　収蔵品の分野は、絵画、ポスター、彫刻、金工、漆工、
　陶磁器、染織資料、建築図面、考古品等、美術工芸資
　料を中心とする。
□ 京都市立芸術大学・芸術資料館
　　開学以来教育活動に付随して収集した芸術資料を収蔵。
□ 京都芸術大学・芸術館
　　縄文時代の土器・装身具・土偶、シルクロード沿道の工
　芸品、浮世絵師・豊原国周（くにちか）の作品などを所蔵・公開。
□ 京都精華大学ギャラリー Terra-S
　　美術作品を中心に工芸・民俗資料など多岐にわたる資料
　を約 12,000 点保存し、ギャラリーで紹介。
□ 嵯峨美術大学・嵯峨美術短期大学付属博物館
　　郷土玩具、美術品、工芸品などの所蔵品約 4,500 点を活
　かした展示や、年 4 回ほど地域の文化を取り上げた展覧
　会を開催。学生のみならず広く一般にも開かれた博物館
　としている。
□ 京都教育大学・教育資料館「まなびの森ミュージアム」
　　1876 年に創立されてからの教材、教具、芸術作品など
　を教育・研究に役立てるよう公開。

◆その他

□ 益富地学会館（ますとみ）
　　地学に関心のある人たちのため、国内外の鉱物、化石、
　岩石等の標本、雑誌・図書を公開。
□ 竹の資料館
　　京の伝統工芸品としての竹製品、茶道具、尺八、竹刀等
　を展示。竹の生態を観察できる庭園がある。
□ 松栄堂薫習館（くんじゅうかん）　体験
　　松栄堂の香りを体験できるスペース、香りと人との交流
　の場となるギャラリーやホール等を整備。日本の香りの文
　化に広く深く触れる、情報発信拠点として活用する施設。

□ 漢字ミュージアム　体験
　　漢検が設けている漢字にふれて学べる博物館・図書館。漢字
　の仕組みや特徴を体験しながら学べる。土日に漢字の世界を
　もっと楽しめるワークショップを開催している。
□ 京都国際マンガミュージアム
　　マンガ単行本約 5 万冊が、館内の壁中に広がる全長 200
　メートルの「マンガの壁」に配架。また、翻訳された日本
　の MANGA と、さまざまな国・地域のマンガ 5,000 冊以上
　を「マンガ万博」として設置。
□ 清水焼の郷（きよみずやき・さと）　体験
　　京焼・清水焼の問屋、窯元、作家、原材料屋などが集まっ
　て、工業団地を造っている。陶芸体験も楽しめる。
□ コトブキ陶春（とうしゅん）　体験
　　清水焼が出来上がる過程を展示し、販売する。絵付け手び
　ねりを楽しむ体験学習もできる。
□ 京都青窯会会館（せいようかい）　体験
　　創作陶器を展示。修学旅行の体験学習向けの陶芸体験「下
　絵つけ」「手びねり」コースがある。
□ 京都陶磁器会館（とうじき）
　　伝統工芸品が鑑賞物や嗜好品の枠を越えて、工芸品のある
　豊かな生活を提案する。
□ 八つ橋庵としししゅうやかた（やつはしあん）　体験
　　生八つ橋の手づくり体験と花鳥風月をテーマとしたししゅ
　うの美術館。
□ 京都ハンディクラフトセンター　体験
　　主に外国人観光客対象の総合免税店で、匠の技術の実演、
　工芸品の展示・販売。英語での説明、独仏西語も可。
□ 細見美術館（ほそみ）
　　縄文・弥生の美術、平安、鎌倉時代から江戸時代に至る多
　彩な絵画や工芸品を公開。
□ 高麗美術館（こうらい）
　　在日朝鮮人の鄭詔文（チョンジョムン）が収集した朝鮮と
　日本の交流の歴史を明かす美術工芸品を展示。
□ 京都祇園らんぷ美術館
　　明治時代に使用された日本製・外国製の石油ランプ約 800
　点を展示する世界でも珍しい美術館。
□ 京都嵐山オルゴール博物館
　　コレクション総数約 2,000 点の中から、ヨーロッパの貴
　重な歴史的文化遺産となる作品約 150 点を厳選し、常時、
　展示・演奏している。
□ 泉屋博古館（せんおくはくこかん）
　　住友家が収集した美術品を保存・展示。当初、殷（いん）・周時代
　の祭礼の器など世界的に高い評価を受ける中国古代から
　の青銅器約 500 点を収蔵。現在の収蔵品は 3,500 点以上。
□ 藤井斉成会有鄰館（さいせいかいゆうりんかん）
　　殷代から清に至る中国の仏像、彫刻、青銅器、陶磁器、書
　画など、美術工芸品を展示。

	和菓子などの老舗	菓子以外の飲食物関係の老舗	食べ物以外の老舗
平安時代	1000頃 一和（あぶり餅）北区今宮神社前	1160 通圓（宇治茶）宇治市 大原のしば漬は、寂光院に閑居した建礼門院を慰めるために献上されたとされる	1190頃 重春刃物店（京刃物）中京区
鎌倉・室町時代	1421 亀屋陸奥（和菓子松風）下京区 1461 総本家駿河屋（古代伏見羊羹）伏見区 1465 本家尾張屋（そば餅、蕎麦板） 1466 水田玉雲堂（863頃の神饌「唐板」厄除けせんべい）上御霊神社前 1477頃 竹濱義春（和菓子真盛豆）北大路 1503 川端道喜（和菓子粽）下鴨	1392 松前屋（宮中御用昆布）中京区 1469頃 大徳寺一久（大徳寺納豆、精進料理）大徳寺前	1555 千總（京友禅）中京区
安土桃山時代	1521頃 虎屋一条店（酒饅頭・羊羹）上京区 1573頃 長五郎餅本舗（羽二重餅・長五郎餅）上京区 1599 みなとや幽霊子育飴本舗（飴）東山区	1531 妙心寺東林院（精進料理）右京区 1558 上林春松本店（宇治茶）宇治市 1573頃 三星園上林三入本店（宇治茶）宇治市 1576頃 平八茶屋（麦めしととろろ汁）左京区山端 1596 中村楼（京料理）八坂神社内	1560 有次（包丁）中京区錦小路 1572 吉田源之丞老舗（仏具）中京区 1574 柴田勘十郎弓店（弓）下京区 1594 薫玉堂（お香）下京区 1598 ある〜ぢぇ伊勢屋（彫金工具）中京区
江戸時代	1600 甘春堂（和菓子）東山区 1607 おせき餅（和菓子）伏見区 1610頃 かざりや（あぶり餅）北区 1617 亀屋清永（清浄歓喜団）東山区 1626 亀屋伊織（干菓子）中京区 1652頃 松屋常盤（和菓子味噌松風）中京区 1682 粟餅所・澤屋（粟餅）上京区 1688 総本家河道屋（蕎麦ほうる）中京区 1689 聖護院八ツ橋総本店（八ツ橋）左京区 1708 伊勢源六たちばなや（京菓子）中京区 1716 鍵善良房（くずきり）東山区 1716 笹屋伊織（どら焼）下京区 1755 俵屋吉富（和菓子雲龍）上京区 1786頃 松屋藤兵衛（和菓子紫野松風）紫野 1802 亀屋重久（和菓子衣笠）右京区 1803 鶴屋吉信（和菓子柚餅）上京区 1803 亀屋良長（和菓子烏羽玉）下京区 1804 亀末廣（干菓子京のよすが）中京区 1804 月餅（和菓子）中京区木屋町 1805 井筒八ツ橋本舗（八ツ橋）東山区 1806 かま八老舗（和菓子）上京区 1832 亀屋良永（御池煎餅）中京区 1847 緑寿庵清水（金平糖）左京区 1856 満月（阿闍梨餅）左京区 1865 本家玉壽軒（高砂饅頭）上京区	1615 玉家（名物大名料理）伏見区 1624 道楽（京料理）東山区、石田三成の軍師島左近屋敷跡 1637 月桂冠（日本酒月桂冠）伏見区 1635 奥丹（湯豆腐）左京区南禅寺 1655 七味家本舗（七味唐辛子）東山区 1657 北川本家（日本酒冨翁）伏見区 1688頃 晦庵河道屋（そば屋）中京区 1688頃 いもぼう平野屋本家（京名物いもぼう）東山区 1689 半兵衛麩（京麩）東山区 1689 雲母漬老舗・穂野出（漬物雲母漬）一乗寺 1708 八百三（柚子味噌）中京区 1716 湯葉半老舗（湯葉）中京区 1716 村山造酢（京酢）東山区 1716 一保堂茶舗（宇治茶）中京区 1716頃 平野屋（愛宕神社一の鳥居茶屋、鮎料理）右京区 1781 石野味噌（白味噌）下京区 1789 田中長奈良漬店（味淋漬）下京区 1804 千丸屋（京湯葉）中京区 1804 麩嘉（生麩、麩嘉饅頭）上京区 1804 麩太（京麩）中京区 1804 京都なり田（京漬物・すぐき漬）上賀茂 1830 本田味噌本店（西京白味噌）上京区	1624頃 唐長（京唐紙）左京区、中京区 1648 雨森敬太郎薬房（無二膏）中京区 1661 象彦（京漆器）北区 1663 鳩居堂（文房四宝）中京区 1688 竹又中川竹材店（京銘竹）中京区 1689 阿以波（京団扇）中京区 1703 原了郭（香煎）東山区 1703 十松屋福井扇舗（扇子）中京区 1705 松栄堂（薫香）中京区 1717 大丸（百貨店）下京区四条通 1721 酢屋（木工芸品）中京区 1730 高橋提燈（提灯）下京区 1748 竹苞書楼（出版古書）中京区 1748頃 丹嘉（伏見人形）東山区 1764 市原平兵衛商店（御箸司）下京区 1781 宇佐美松鶴堂（表具・文化財修理）下京区 1789 山田松香木店（匂い袋）上京区 江戸中期 小嶋商店（京提灯）東山区 1800 大石天狗堂（京かるた）伏見区 1823 宮脇賣扇庵（御伽草子の扇）中京区 1832 京扇堂（飾扇）下京区東洞院通 1835 タキイ種苗（種苗）下京区 1845 紙司柿本（手すき和紙）中京区寺町通 1865 かづら清老舗（頭飾品）東山区

※赤い色の老舗は、体験学習・見学ができるお店。

ワークシート **3**　来訪・見学候補地のリスト

来訪・見学する候補地（上段） 地区（下段）最寄りのバス停・駅など	研修テーマとのかかわり、見学・研修、注目すること

ワークシート 4　コースづくり用地図【京都市中心部】

下調べで見つけた来訪・見学候補地を記入しよう
詳しい地図が必要な場合は、「修学旅行でか MAP 京都」(ユニプラン発行)がおすすめ

0m　1km　2km　4km

二軒茶屋
京都精華大前
高山寺
神護寺
高雄
清凉寺
祇王寺
大覚寺
神光院
上賀茂神社
下鴨神社
金閣寺
龍安寺
等持院 立命館大学 衣笠キャンパス前
北野天満宮
仁和寺
龍安寺
宇多野
御室仁和寺
妙心寺
北野白梅町
妙心寺
鳴滝
常盤
花園
円町
出町
今出川
京都御所
地下鉄烏丸線
嵯峨嵐山
トロッコ嵯峨
太秦
JR山陰本線
二条城
神宮丸太町
京都市役所前
三条京阪
トロッコ嵐山
天龍寺
嵐電嵯峨
鹿王院
車折神社
有栖川
帷子ノ辻
撮影所前
東映太秦映画村
広隆寺
嵐電
太秦広隆寺
蚕ノ社
太秦天神川
西大路御池
二条
烏丸御池
二条
嵯峨嵐山文華館
渡月橋
嵐山
嵐山
天神川
山ノ内
西大路三条
二条城前
大宮
烏丸
京都河原町
祇園
松尾大社
松尾大社
西院
嵐電
四条大宮
四条
清水五条
鈴虫寺
苔寺
京福嵐山線
西京極
丹波口
五条
七条
西本願寺
東本願寺
三十三間堂
上桂
西京極
梅小路京都西
京都駅
東福寺
桂離宮
東寺
東寺
九条
桂
JR東海道本線
西大路
十条
十条
鳥羽街道
近鉄京都線
伏見稲荷
稲荷
大原野
洛西口
桂川
上鳥羽口
龍谷大前深草
くいな橋
東向日
向日町
藤森
竹田
京阪本線
JR奈良線
墨染
西向日
伏見
丹波橋
近鉄丹波橋
JR藤森

48

宇　治

4

コースづくりと行程計画

来訪・見学地と交通機関を選択し、コースと行程計画を決定しよう

●●●● 京都の乗り物案内 ●●●●

バス・鉄道

割安チケットを活用しよう

■「地下鉄・バス一日券」
市バス、地下鉄、京都バス・京阪バス・JRバスが、ほぼ全域1100円で1日に何回でも乗車できる。

■「京都修学旅行1dayチケット」
修学旅行で来訪した中高生と引率者は、バス・地下鉄に800円で1日何回でも乗車できる。（申し込みは「きょうと修学旅行ナビ」から）
バスと鉄道など公共交通は、姉妹本の『乗る＆歩く京都編』が詳しく分かりやすい。
■《購入場所》市バス・地下鉄案内所、定期券発売所、市バス営業所、地下鉄各駅（大人券のみ）など。
■《問い合わせ先》075-863-5200（市バス、地下鉄案内所）075-871-7521（京都バス）

タクシー

タクシー利用について

京都市域のタクシー台数は約1万台弱。どこでもすぐ乗車できる。ただし、観光地には多くのタクシーが集まっているが、春秋の観光シーズンには空車はほぼなくなる。

平均的タクシー料金は、1kmまで500円、この後279mごとに100円加算。タクシー会社により少し異なるが、4～5人で乗ると3kmぐらいならバスの料金程度。時間に余裕がない場合には、タクシー利用を検討しよう。

レンタ・サイクル

乗り捨てできるシステム

狭いエリアに観光名所が集中しているところなど、コースによってはレンタサイクル利用が効率よく回れる。どこでも乗り捨てできるシステムもあり、京都の狭い道にも入れる。

とくに春と秋は、気候がさわやかで気持ちよく走れる。けれども、雨の日は利用できない。

市内は車の交通量が多いので安全走行をこころがけよう。

■インターネットで「京都、レンタサイクル」で検索してみよう。豊富な情報が得られる。

● タクシーでの移動に必要な時間（分）

※所用分は、速度30km（嵐山、大原、鞍馬は40km）で概算したもの。
※観光シーズンは、渋滞でこの表より長い時間が必要。

京都駅ビル																		
5	東寺																	
17	15	東福寺																
8	9	25	西本願寺															
8	15	15	13	三十三間堂														
13	20	24	16	12	四条河原町													
18	23	27	21	10	7	八坂神社												
22	21	25	19	8	10	7	清水寺											
16	21	25	19	8	7	3	5	高台寺										
25	30	35	27	18	12	12	14	11	平安神宮									
29	35	39	30	22	16	12	18	15	4	南禅寺								
38	44	48	32	25	23	28	25		14	11	銀閣寺							
20	21	34	15	24	14	18	24	21	19	25	24	二条城						
22	30	37	24	27	17	24	23	17	21	19	13		京都御所					
35	42	46	37	34	22	27	30	27	20	24	18		15	下鴨神社				
41	40	57	32	45	36	40	47	42	36	40	34	21	19	24	金閣寺			
42	44	59	37	50	37	44	44	38	42	37	23	26	33	12		龍安寺		
38	38	48	32	41	36	39	39	45	48	53	26	39	49	32	26		嵐 山	
75	78	83	80	69	65	63	67	63	58	57	51	71	57	48	64	69	98	大 原
64	65	72	60	64	54	59	63	60	55	55	50	51	47	41	45	49	78	48	鞍馬・貴船

［ バス・鉄道で、次の来訪地への移動に必要な時間の算出の仕方 ］

　次の来訪地への移動に必要な時間の推計は、このワークブックの姉妹本『乗る＆歩く京都編』を使うと簡単。
　ひとつの来訪地から、次の来訪地までに利用するバス路線とバス停、移動時間と待機時間などが簡単にチェックでき、次の来訪地への移動に要する時間の計算ができるようになる。2、3回「のりもの案内」を調べれば、すぐコツがわかりますよ。

今いる場所をチェック　　　　　　　**次に来訪する目的地への「のりもの案内」**

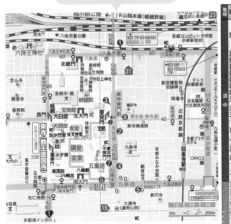

4コースづくりと行程計画

『乗る＆歩く京都編』の使い方 〈東寺の南大門にいて、清水寺に行く場合：上の見開き頁の見本を参照〉

今いる場所の頁を開ける	『乗る＆歩く京都編』の出発地・東寺の見開き頁を開けよう。バスのりば（バス停）は、地図の❶から❽までの 8 ヶ所ある。
目的地の項目を横に見ていく	地図の地区に対応する「次に来訪する目的地」の清水寺の項を横に見ていく。❷❹ のバス停から市バス 207 に乗って、五条坂バス停❼または清水道バス停❸で降りる行き方〔ケース A〕と、❻のバス停から市バス 202 に乗って、五条坂バス停❼または清水道バス停❸で降りる行き方〔ケース B〕があることが分かる。

［ケース A の検討〕
バス停❷❹から市バス 207 に乗る場合

　市バス 207 は、道路の左側をバス停❷から❹へと走行するので、南大門から近いバス停❹から乗車する。
　下車する清水寺あたりの地図を開き、五条坂バス停❼で下車することにする。
・バス停❹までの徒歩時間は約 3 分。
　（地図のスケールから計算する。
　21mm ÷ 7mm ≒ 3 分）
・市バス 207 は平均待機時間が 5 分。
・乗車時間は 22 分（乗り換えなし）。
・五条坂バス停❼から清水寺までは、
　約 70mm ÷ 7mm ≒ 10 分
・移動時間（平均）は、
　3 ＋ 5 ＋ 22 ＋ 10 ≒ 40 分。

［ケース B の検討〕
バス停❻ から市バス 202 に乗る場合

　バス停❻から乗車し、五条坂バス停❼で下車することにする。
・バス停❻までの徒歩時間は約 1 分。
　（地図のスケールから計算する。
　9mm ÷ 7mm ≒ 1 分）
・市バス 202 は平均待機時間が 6 分。
・乗車時間は 24 分（乗り換えなし）。
・五条坂バス停❼から清水寺までは、
　約 70mm ÷ 7mm ≒ 10 分
・移動時間（平均）は、
　1 ＋ 6 ＋ 24 ＋ 10 ≒ 41 分。

目的地に行くバス停バス路線ごとに移動時間（平均）を計算する 移動時間（平均）＝ ① 乗車バス停までの徒歩時間 ＋ ② 待機時間（平均） ＋ ③ 乗車時間 ＋ ④ 下車バス停から目的地までの徒歩時間	
平均移動時間を比較し、利用するバス停バス路線を決定	ケース A とケース B を比較すると、移動時間（平均）はほぼ同じとみなせるが、バス停の近さなども考えて〔ケース B〕を選択。
目的地までの平均移動時間	約 41 分

班別自主研修のコースづくり（ステップ1〜5）

ステップ1

来訪・見学候補地を地図に書き込もう

　地図は48頁〜49頁のものをコピーして、リストアップした来訪・見学候補地に●印をつけ、地名や見学施設名を記入しよう。

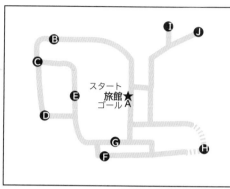

B〜J が来訪・見学候補地

ステップ2

来訪・見学候補地の見所を確認しよう

　班のメンバー全員で、来訪・見学候補地の一つずつについてテーマとどう関係し、どういう見所があるのか確かめる。

　次に、各来訪・見学候補地について、「乗る＆歩く京都編」等のガイドブックを参照し、見所を考えながら、およその見学所要時間を想定して記入する。

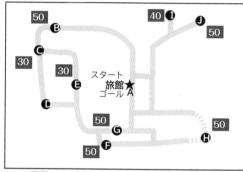

50 見学所要時間

ステップ3

重要度をランクづけしよう

　各人の持ち点決め、みんなの投票で来訪・見学候補地の重要度をランクづけしよう。

　あるいは、メンバー一人ひとりが優先順位を付け、それらを合計してもいい。

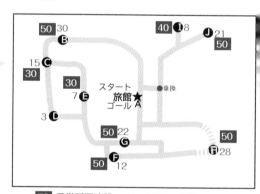

50 見学所要時間　　30　重要度の点数

ステップ4

来訪・見学候補地のコース化

　バスと鉄道による次の来訪地への移動に必要な時間の算出の仕方（51頁参照）によって、移動の平均所要時間を計算し記入する。

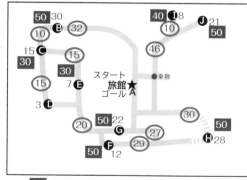

50 見学所要時間　　30　重要度の点数

㉜ 移動時間（平均）

班別自主研修の行程計画づくり（ステップ６）

ステップ5　コースの決定

❶　重要度の高いものをつないで、移動しやすいようにコース化しよう。

❷　班別行動時間に合わせて、最終的な来訪地と見学コースを決めよう。

このとき、みんなが行きたい、重要な所だと思っていても、一ヶ所だけ離れすぎていて来訪をあきらめなくてはならなかったり、あまり見どころがないとしても、立ち寄りやすさから見学コースに加えたりすることになるかもしれない。

❸　昼食や喫茶をどこでとるか、おみやげの買い物はどこでするか、それらにどのくらい時間をとるかもコースの中に加えて考えよう。

❹　効率よく移動できるコースづくりによって、ゆとりがもてるプランにしよう。

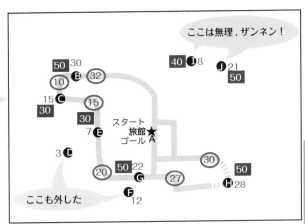

50 見学所要時間　　　30　重要度の点数
㉜ 移動時間（平均）

コースは、A⇒B⇒C⇒E⇒G⇒H⇒Aで、所要時間の合計は 344 分となる。

㉜＋50＋⑩＋30＋⑮＋30＋
⑳＋50＋㉗＋50＋30 ＝ 344 分

ここで、昼食、おみやげの買物は 70 分とし、総計 414 分。9 時に出発して、15 時 54 分に旅館にゴールインという計画になるよ。

ステップ6　行程計画を立てよう（54頁にワークシートがある）

行程計画というのは、みんなで出発してから、帰ってくるまでのその日のスケジュールを作ること。

たとえば、四条烏丸から清水寺に行く場合を検討してみよう。

・旅館を午前8時30分に出発し、徒歩3分で四条烏丸のバス停❾に到着し、平均5分の待機時間。

・午前8時38分に市バス207に乗って、午前8時53分に五条坂バス停❹に到着。徒歩10分で一番目の来訪地、清水寺に午前9時3分に到着する。

・清水寺は、拝観料：中小学生200円　見学所要時間40分

・隣の地主神社の見学所要時間は20分

・清水寺の出発時間は、午前10時3分となる。

これを54頁のワークシートに記入すると、右のようになる。

◎ 54 頁のワークシートへの記入の仕方

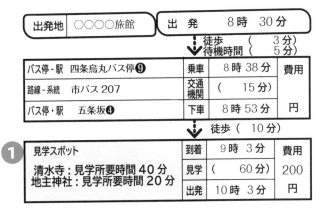

（注意）「乗る＆歩く京都編」のバス停の番号は、現地のバス停には付いていない。この本の「のりもの案内」の説明のための番号だからね。

4 コースづくりと行程計画

行程計画づくり

昼食やお楽しみの時間を見学時間に加えて計画しよう

利用交通手段
☐ 地下鉄・バス一日券　　　　　　1100 円
☐ 京都修学旅行1dayチケット　800 円
☐ 自主研修向タクシーサービス　　　円
☐ その他　　　　　　　　　　　　円
☐ その他　　　　　　　　　　　　円

出発地		出 発	時	分

徒歩　（　　　分）
待機時間（　　　分）

バス停 - 駅	乗車	時	分	費用
路線 - 系統	交通機関	（　　　分）		
バス停・駅	下車	時	分	円

徒歩（　　　分）

1 見学スポット
	到着	時	分	費用
	見学	（　　　分）		
	出発	時	分	円

徒歩　（　　　分）
待機時間（　　　分）

バス停 - 駅	乗車	時	分	費用
路線 - 系統	交通機関	（　　　分）		
バス停・駅	下車	時	分	円

徒歩（　　　分）

2 見学スポット
	到着	時	分	費用
	見学	（　　　分）		
	出発	時	分	円

徒歩　（　　　分）
待機時間（　　　分）

バス停 - 駅	乗車	時	分	費用
路線 - 系統	交通機関	（　　　分）		
バス停・駅	下車	時	分	円

徒歩（　　　分）

3 見学スポット
	到着	時	分	費用
	見学	（　　　分）		
	出発	時	分	円

徒歩　（　　　分）
待機時間（　　　分）

バス停 - 駅	乗車	時	分	費用
路線 - 系統	交通機関	（　　　分）		
バス停・駅	下車	時	分	円

徒歩（　　　分）

4 見学スポット
	到着	時	分	費用
	見学	（　　　分）		
	出発	時	分	円

徒歩　（　　　分）
待機時間（　　　分）

バス停 - 駅	乗車	時	分	費用
路線 - 系統	交通機関	（　　　分）		
バス停・駅	下車	時	分	円

徒歩（　　　分）

5 見学スポット
	到着	時	分	費用
	見学	（　　　分）		
	出発	時	分	円

徒歩　（　　　分）
待機時間（　　　分）

バス停 - 駅	乗車	時	分	費用
路線 - 系統	交通機関	（　　　分）		
バス停・駅	下車	時	分	円

徒歩（　　　分）

6 見学スポット
	到着	時	分	費用
	見学	（　　　分）		
	出発	時	分	円

徒歩　（　　　分）
待機時間（　　　分）

バス停 - 駅	乗車	時	分	費用
路線 - 系統	交通機関	（　　　分）		
バス停・駅	下車	時	分	円

徒歩（　　　分）

7 見学スポット
	到着	時	分	費用
	見学	（　　　分）		
	出発	時	分	円

徒歩　（　　　分）
待機時間（　　　分）

バス停 - 駅	乗車	時	分	費用
路線 - 系統	交通機関	（　　　分）		
バス停・駅	下車	時	分	円

徒歩（　　　分）

到着地		到 着	時	分

移動時間（バス、徒歩）合計		分	％
待機時間　　　　　　　合計		分	％
移動時間（タクシー乗車）合計		分	％
見学時間　　　　　　　合計		分	％
昼食時間		分	％
買い物・その他		分	％
計画時間の総計		分	100％

交通費		円	
拝観・入場料		円	費用合計
（駐車料）		円	
昼食 - 飲み物代		円	
おみやげ代		円	円
その他		円	

見学時間を有効に活用できるよう、スポットごとの要点を整理しておこう

見学スポット	見学のポイント・知りたいこと・聞きたいこと（質問リスト）
1	
2	
3	
4	
5	
6	
7	

4 コースづくりと行程計画

早めに準備して、
ゆとりをもって出発しよう！

1日目 [　　月　　日]	2日目 [　　月　　日]	3日目 [　　月　　日]
7	7	7
8	8	8
9	9	9
10	10	10
11	11	11
12	12	12
1	1	1
2	2	2
3	3	3
4	4	4
5	5	5
6	6	6
7	7	7
8	8	8
9	9	9
10	10	10
11	11	11
12	12	12

［修学旅行・準備チェックリスト］

旅行前に注意したいこと

- ☐ 日程や宿泊先について、家の人に伝えておこう。
- ☐ 緊急連絡先をメモしておこう。
- ☐ 持ち物には必ず名前をつけよう。
- ☐ よけいなものを持っていかないように心がけよう。
- ☐ はきなれた靴で行こう。
- ☐ 気候にあわせて衣服の調整ができるように準備しよう。
- ☐ 旅行の数日前から体調をととのえ、健康管理に気をつけよう。
- ☐ 出発の前日は早めに寝よう。

集合場所 集合時間

1日目 宿泊先

2日目 宿泊先

3日目 宿泊先

引率者

緊急連絡先

携行品

持っていくものの
チェックリスト
自分が必要なもの
を書き加えよう

- ☐ 現金（おこづかい、自主研修用の交通費、入場料・体験費用など）
- ☐ 旅行のしおり、筆記用具、生徒手帳
- ☐ 健康保険証
- ☐ リュック、ボストンバッグ（なるべく荷物がひとつにまとまるように）
- ☐ ショルダーバック、ウエストポーチ（自主研修の時、持って動きやすいように）
- ☐ 洗面具（タオル、せっけん、歯ブラシセット、くしなど）

- ☐ 日用品（ハンカチ、ティッシュ）
- ☐ 着替え（服、体操服、下着、靴下、帽子）
- ☐ ビニール袋（着終わったものを入れる）
- ☐ ポケット雨具、折たたみ傘
- ☐ 時計、カメラ（高価なものはさける）
- ☐ 薬（酔い止め、バンドエイドなど）
- ☐
- ☐
- ☐
- ☐

その他

出発当日に注意すること

- ☐ 集合時間に遅れにないよう、早めに出発しよう。
- ☐ 朝起きて体調不良だったら、親や学校の先生に相談しよう。
- ☐ 万が一、遅れそうな時や遅刻する時は、すぐに連絡を入れよう。

列車やバスでマナーや注意すること

- ☐ 列車やバスの乗り降りは、あわてずに、すばやく行動しよう。
- ☐ 乗り物のなかでは、立ったり大声で騒いだりするのはやめよう。
- ☐ ゴミの投げ捨てはやめよう。
- ☐ 窓から顔や手を出さないようにしよう。
- ☐ 他の乗客に迷惑をかけないようにしよう。
- ☐ バスを降りるときに、運転手さんにお礼を言おう。

見学するときの注意事項

- ☐ 先生や案内の方の説明をよく聞こう。
- ☐ 集合時間を守ろう。
- ☐ 事前にしっかりした計画を立て、ゆとりを持って行動しよう。
- ☐ 計画したコースを守り、予定を変更しないようにしよう。
- ☐ 公共物を大切にしよう。
- ☐ 草木を折らないようにしよう。
- ☐ 交通事故など、安全に注意して行動しよう。
- ☐ ゴミは指定の場所に捨て、ゴミ箱がない場合は持ち帰ろう。
- ☐ 食べ歩きはひかえよう（境内、建物内はすべて禁止）。
- ☐ 立ち入り禁止区域には入らないようにしよう。
- ☐ 展示してあるものには、かってにさわらないようにしよう。
- ☐ 冬の寺社、殿上は冷たい。厚手の靴下を用意しよう。
- ☐ 撮影禁止の場所では写真をとらないようにしよう。
- ☐ 自主見学の昼食は班ごとに相談して決め、単独行動をしないようにしよう。

事故やケガ、犯罪やトラブルへの注意事項

- ☐ 道路を横断する時は、信号機や横断歩道のある場所で、十分に注意して横断しよう。
- ☐ 事故やけが、犯罪やトラブルに巻き込まれた場合は、すぐに近くの人に助けを求め、警察や担当の先生へ連絡しよう。
  ★緊急連絡は 110 番（警察）。
  ★緊急の手当てを要するの怪我や事故の場合は救急車を呼ぼう。連絡は 119 番（消防・救急）。

※伝えること
今の状況、今いる場所や目印になるもの（目立つ建物など）、
学校名、自分の名前、自宅の電話番号、住所など。

**お金や物をなく
したとき**

- ☐ なるべく早く近くの警察署か交番に届ける。
- ☐ 電車、タクシーなどの乗り物、デパートなどでなくしたときは、その場所へも問い合わせる。
- ☐ 落し物が見つかったら、拾ってくれた人にお礼をする。
  （場合によっては、法律により値段の5〜20%を払わなければならない）
  ★落とし物・忘れ物問い合わせ先
  京都タクシー 業務センター（075-672-1110）
  市バス車内の忘れ物　京都市交通局北大路案内所（075-493-0410）
  地下鉄車内・構内の忘れ物　京都市交通局 烏丸御池駅案内所（075-213-1650）
  京都バス 嵐山営業所（075-861-2105）
  京都バス 高野営業所（075-791-2181）
  JR西日本お客様センターお忘れ物専用ダイヤル（0570-00-4146）
  京阪電車 お忘れ物センター（06-6353-2431）
  嵐電(京福電車)鉄道部運輸課（075-801-2511）
  叡山電鉄 出町柳駅（075-781-3305）
  阪急電鉄お忘れ物センター(当日06-6133-3473、翌日13時以降06-6373-5226)
  ※上記の場所に連絡して、忘れ物の場所や日時に対応した正しい保管場所の問い合わせ先を確認しよう。
  また、各営業所の休日・営業時間の制限などもあるので、早めに連絡をとろう。

**旅館やホテルで
の注意事項**

- ☐ 部屋で大さわぎをしたり、廊下で大声をださない。
- ☐ ホテル・旅館にある置物や展示物で遊ばない。
- ☐ 旅館の備品は大切にあつかう。
- ☐ エレベータの使用は、指示に従う。
- ☐ 売店の品物をむやみにさわらない。
- ☐ 食事が終わったら片付けやすいように、食器を寄せておく。
- ☐ ホテルの廊下は、ゆかたやパジャマ姿で歩かない（指示に従うこと）。
- ☐ 部屋はきれいに使う。
- ☐ 各自の荷物の整理を心がける。
- ☐ 部屋で出たゴミは所定のゴミ袋にまとめる。
- ☐ 班長、室長の指示に従う。
- ☐ 遅くまで起きていない。
- ☐ 消灯時間になったら室外に出ない。
- ☐ 最終日に忘れ物をしないようにする。
- ☐ 観光地や旅館等で他校生と喧嘩にならないよう、言葉づかいや行動には十分に注意する。

その他

- ☐
- ☐
- ☐
- ☐
- ☐
- ☐

ワークシート **7**　　**感想とふりかえり**

班別自主研修　　月　日　天気

自分の自主研修の感想・ふりかえり

班の自主研修の感想・ふりかえり

7

発表の準備

班別自主研修のまとめと発表

テーマについて分かったこと、伝えたいことを効果的にまとめよう

班別自主研修のまとめの作業は、事前学習、テーマの決定、下調べ、コースづくりと行程計画、修学旅行での自主研修を終えて、これまでやって来たことを順に整理することになる。このワークブックで、ある程度整理できていることをもとにしてまとめよう。

まとめ方は、誰に対してどういう目的で発表するのかによって違うが、次のようなまとめ方がある。

1. レポートを書こう

・レポートは、感想とはちがう。テーマについて調べたこと、考えたことをまとめて報告するものだ。
・自分の調べたこと、考えたことにもとづいて、班のテーマについてのレポートをまとめよう。
・ワークブックにもとづいて、文章、図、資料を整理しよう。
・下調べしたこと、分かったことを整理しよう。
・下調べで集めたデータ、写真、統計、文献コピーなどを資料集としてファイルに整理しよう。
・自主研修で実際に見て体験したことをまとめ、自分の見方で考えよう（疑問に思ったことにもとづいて考えよう）。

2. 撮影した写真をパソコンに取り込んで整理しよう

・研修コースの来訪地を順次デジカメで記録しておこう。
・プレゼンテーション用のソフトがあれば、これを使って写真に説明を添えよう。

3. 研修後の図を作り、説明の文章を書こう

・班のテーマを決めるときに、メンバーの関心をフセン紙に書いてグループ化しながら、その関心の全体を図に表す方法を示した。これと同様に、自主研修で体験したこと、気づいたこと、学んだことなどをフセン紙に書き出して、図にまとめよう。
・この図を説明するための文章も書いておこう。説明するグループの順番に、グループの見出しを書いて、そのグループの中のフセン紙の文章をつないで書けばO.K.。

レポートを書くときの注意事項

・目的やテーマをはっきりさせること。
・だれに公表するものかを考えて書く。
・最初にまとめを書いて、くわしい説明をその後に書いた方が理解しやすい。
・客観的なものごとの見方、正確さによく注意することが大切。
・簡潔で分かりやすい文章にすること。

4. みんなに伝えたいことを新聞にしよう

班のメンバーたちと一緒に、自主研修した結果について、みんなに伝えたいことを表現してみよう。表現の仕方は、学校のインターネットのホームページやブログづくり、パワーポイントによるプレゼンテーションづくりなどパソコンを使った新しい表現方法もあるが、ここでは最も一般的な壁新聞づくりをとりあげる。
1）　壁新聞の大きな紙面を4〜6ぐらいに分割して、それぞれの部分に何を表現するかを考えよう。
2）　まずいちばん目立つところに、自分たちが最も伝えたいことや、みんなが最も知りたいだろうなと思えることをアピールしよう。（横書きのときは左上のコーナー、縦書きのときは右上のコーナーになる）そこに大きな字でタイトルを書いて、イラストや写真を添えよう。

大きな紙面を
4〜6ぐらいに
分割して
割り付ける

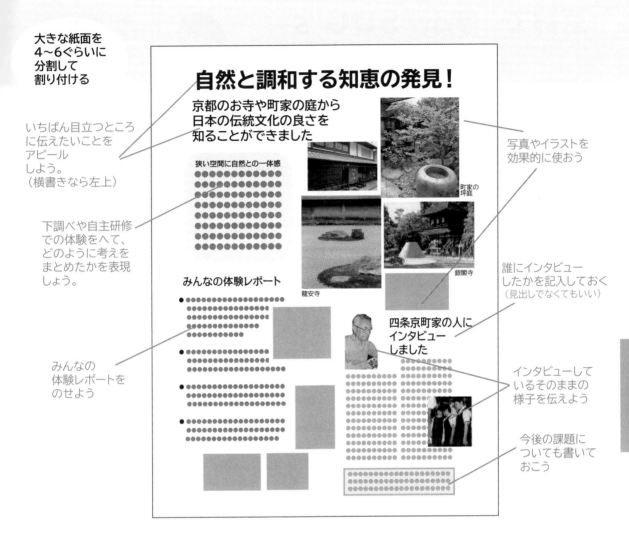

いちばん目立つところ
に伝えたいことを
アピール
しよう。
（横書きなら左上）

下調べや自主研修
での体験をへて、
どのように考えを
まとめたかを表現
しよう。

みんなの
体験レポートを
のせよう

自然と調和する知恵の発見！

京都のお寺や町家の庭から
日本の伝統文化の良さを
知ることができました

狭い空間に自然との一体感

みんなの体験レポート

町家の坪庭

銀閣寺

龍安寺

四条京町家の人に
インタビュー
しました

写真やイラストを
効果的に使おう

誰にインタビュー
したかを記入しておく
（見出しでなくてもいい）

インタビューして
いるそのままの
様子を伝えよう

今後の課題に
ついても書いて
おこう

3） 壁新聞を読む人が次に目を向けるところに、自分たちがどのようにテーマを設定し、下調べや自主研修での体験を経て、考えをどうまとめたかを表現しよう。
4） 下調べなどで分かった興味深い情報や、自主研修で撮影した写真やインタビューしたことを載せよう。
5） 班のメンバー一人ひとりの体験レポートを載せよう。同じテーマでいっしょに行動しても、見て、感じて、考えることは一人ひとり違うはず。テーマについて最初に考えていたことがどのように変わっていったか、どのような理解が生まれたか、簡単なレポートにしよう。
6） 今回の自主研修をもとに、今後の課題に発展させよう。いろいろなことが分かってくると、さらに多くのことや分からないことを知りたくなるもの。一人ひとりに新しい疑問がわき、新しい興味が生まれているんじゃないだろうか？　これをまとめておこう。

★ 著作権に気をつけよう

公の場所や大勢の人に見てもらうのを前提にした発表のなかで、本やインターネットに載っている写真を使うと、「著作権」の問題が出てくることを知ってる？

「著作権」とは、写真、イラスト、小説、音楽などの作品を作った人に認められている権利のことだよ。

著作権のあるものを公の場所での発表に使うときには、作者の許可が必要になるので気をつけよう。

京都で"学ぶ"SDGｓ

問いかけて探求する
対話による学びのある
主体的な修学旅行を
実践しよう！

持続可能な開発目標（SDGs）とは

「人間と地球の持続可能な発展のための行動計画：世界を変革する 2030
アジェンダ」の 17 の目標と 169 のターゲットのことで、2015 年 9
月、第 70 回国連総会で採択されました。2030 年までに国や大学を含
むさまざまな機関が協働し、地球環境と人類社会の持続可能性を追究し、
従来の方法では実現できていない課題の解決に取りくむとしています。

　京都市は、すでにおよそ 1200 年も発展・繁栄を持続してきた稀有な
まちです。そこで、歴史や伝統文化に好奇心を広げ、京都に培われた知恵
を礎とするサステナブルなまちづくりを探求しませんか。

「Q 都スタディトリップ」を活用してみよう！

京都市と京都の観光関連事業者などからなる京都観光推進協議会が提供する SDGs 探究学習コンテンツ。さまざま
な「Q」や「キーワード」から、京都市や NPO や企業が取り組んでいる活動を紹介するとともに、わたしたちを取
り巻く世界の現状について学べます。また、申し込めば、さまざまな課題に取り組むための「Q 都スタディトリップ
詳細資料・Q スポット一覧・探究プログラム一覧・Q 都スタディシート」資料一式をダウンロードすることができます。

Q スポットの一例

■西陣暮らしの美術館「冨田屋」

約 140 年もの間受け継がれてきた
京都の歴史や文化を伝える町家。展
示されている伝統ある道具・調度類
や京都のしきたりの説明を受けるこ
とができる。
11「住み続けられるまちづくりを」
など

■さすてな京都

京都市南部クリーンセンター環境学習施設の愛称で、焼却
炉やごみ発電，バイオガス化施設などの迫力満点の大規模
施設を間近に見学し，それらを生きた教材として最先端の
環境技術を学ぶ。
12「つくる責任つかう責任」など

■京都伝統産業ミュージアム

京都の伝統産業 74 品目が
並び、製造工程はもちろん、
素材・道具、作品や活動の紹
介、職人による実演などを通
して、ものづくりの過程を肌
で感じ、学び、楽しめる。
12「つくる責任つかう責任」など

■ギオンコーナー

舞妓さんによる京舞をはじ
め、茶道、華道、箏曲、舞楽、
狂言、能、文楽など、日本
が世界に誇る伝統文化や伝
統芸能をダイジェストで鑑
賞できる。
17「パートナーシップで目標を達成しよう」など

他にも独自に探してみよう！

■金剛能楽堂

日本を代表する舞台芸術である「能」や「狂言」を観賞でき、
代表者が舞台に上って能の動きを体験、全員で謡の練習、楽
器体験などができる。
4「質の高い教育をみんなに」12「つくる責任つかう責任」
など

■京都鉄道博物館

蒸気機関車から新幹線まで 53 両
の実物車両を展示し、「見る・さ
わる・体験する」を重視した展示
構成で、SDGs と鉄道事業の関
わりを自分たちで発見できる学習プログラムがある。
3「すべての人に健康と福祉を」7「エネルギーをみんなに
そしてクリーンに」など